catch

catch your eyes；catch your heart；catch your mind……

雜誌俱樂部，招生中！/ 黃威融著 .-- 初版 .-- 臺北市：大塊文化，2014.12；　面；　公分 .--（Catch；213）
ISBN 978-986-213-565-5（平裝）
1. 期刊 2. 文集
050.7　　103021010

catch 213

雜誌俱樂部，招生中！ 抒情時代的感性編輯手記

作者 黃威融｜**責任編輯** 鍾宜君｜**封面繪圖・設計** 顏一立｜**美術設計** 林宜賢｜**攝影** 陳敏佳｜**法律顧問** 全理法律事務所　董安丹律師｜**出版者** 大塊文化出版股份有限公司　台北市 105 南京東路四段 25 號 11 樓　www.locuspublishing.com　**讀者服務專線**—0800-006689　TEL：(02) 87123898　FAX：(02) 87123897　**郵撥帳號**—18955675　戶名—大塊文化出版股份有限公司　e-mail：locus@locuspublishing.com｜**總經銷**　大和書報圖書股份有限公司　新北市新莊區五工五路 2 號　TEL：(02) 89902588（代表號）　FAX：(02) 22901658｜**製版**　瑞豐實業股份有限公司｜**初版一刷**　2014 年 12 月｜**定價**　新台幣 350 元｜ISBN 978-986-213-565-5
Printed in Taiwan

雜誌俱樂部，招生中。

抒情時代的感性編輯手記

黃威融

0 INTRO.

抒情時代的編輯

THE ERA OF EMOTION EDITING

抒情時代的感性編輯手記

「雜誌俱樂部，招生中」這個主張，是我二〇一一年夏天在誠品講堂每週四晚的生活風格館策劃課程時提出的概念，當時的狀況蠻戲劇性的，我準備離開工作多年的《Shopping Design》，但我必須替這本親手創辦接生餵奶養育的設計雜誌規劃創刊總編退場的工作方式[1]，就在極度混亂的狀況之下，我接到誠品講堂的邀約，問我有沒有可能六月起開十堂關於雜誌編輯的課。當時我的第一個反應，覺得應該是搞錯了吧，找我一個人講十堂課，別鬧了吧。

跟誠品講堂的同事見面後，我心中有了底，長期以來誠品講堂在

註1：
《Shopping Design》從二〇一一年九月起由李惠貞小姐接手擔任總編輯，因為她的加入，設計雜誌有了更豐富的題目規劃和優雅的雜誌氣味。一切都是命運安排，我和 Jenny 初次相識是一九九八年《在台北生存的一百個理由》要出版的時候，當時她在大塊文化任職；二〇一一年夏天她正打算告別出版工作，在巨思文化社長陳素蘭的鼓勵下，她加入《Shopping Design》擔任總編輯。二〇一一年底當我有了寫這本書的念頭，我立刻跟 Jenny 約喝咖啡，她的支持和鼓勵，長在我心。

文學經典、古典音樂、建築思想……等專業人文知識領域有著很好的評價和學員基礎，他們想嘗試在生活風格系列推出雜誌課試試水溫。這個意圖我並不陌生，二〇〇六年底我在巨思文化跟同事們一起創辦《Shopping Design》之前，超商通路主動建議我們嘗試做本軟雜誌（相對於財經科技的硬雜誌），意思其實差不多。

於是，我跟講堂同事提出我的要求，我非常樂意「策劃」和「主持」這十堂課，但是光靠我一個人是完成不了這個任務的，我希望每次上課是「我主持＋一個講師」的方式進行；然後我會找的講師，絕對不會是擁有國外名校學位的專業教授，我找得都是我在工作場域合作過、覺得有料、跟我談得來的好卡，如果能接受這樣的規劃，我就做。

這系列課程應該就是後來我的編輯生涯的重要轉折點，朋友情義相挺[2]和學員們的捧場（事前我們都沒想到一整個系列的每堂課場場爆滿）。因為那堂課，讓我決定應該要好好寫本跟我自己編輯工作有關的書，而我最歡迎、最希望的讀者並不是雜誌編輯，而是那些在大中小企業擔任企劃行銷工作和公部門裡面參與外發各種案子的承辦專員和長官們，因為台灣哪需要那麼多雜誌編輯啊，但是如何看懂雜誌

註2：
那十堂課的主題和講者名單如下：

- **L01** 生活風格編輯術 by 黃威融
- **L02** 《Shopping Design》編輯．攝影．美術的三角戰術 by 攝影師陳敏佳＋美術黃昭文
- **L03** 向《Brutus》和 CAP 藤本大師致敬 by 前《ppaper》、《2535》美術指導馮宇
- **L04** 日本建築類雜誌流派分析 by 亞洲大學助理教授謝宗哲
- **L05** 日本生活風格雜誌和台灣蘑菇之間的小小關聯 by《Mogu 手帖》總編輯張嘉行
- **L06** 看人家的音樂雜誌有多酷 by Street Voice 音樂頻道總監小樹
- **L07** 二〇〇一至二〇一一中國生活風格雜誌觀察 by 創意人歐陽應霽
- **L08** 歐洲生活風格雜誌導覽 by 許育華，曾任 Shopping Design 報導總監
- **L09** 後 PC 時代讀 iPad 雜誌的兩（百）種方法 by 前《GQ》雜誌資深編輯李擴
- **L10** 過去我喜歡的幾本雜誌和未來我想創辦的幾本雜誌 by《數位時代》創刊總編輯詹偉雄

的結構、欣賞雜誌的創意表現，這是做創意工作最基本的功課。我在誠品講堂的招生傳單上這麼寫著：

喜歡看雜誌的人，通常都是比較有趣的人，這當然是一個偏見，不過對我而言，卻是一個非常有用的偏見。我認識的搞創意做設計的朋友們幾乎沒有不愛看雜誌的，在這些人的勸敗之下，過去二十多年我每個月都買了一堆雜誌（請不要逼我計算到底花了多少錢），沒想到會有這麼一天，因為我亂買雜誌愛看雜誌，在二〇一一年的夏天我可以在誠品講堂這個「嚴肅而正經」的知識場合，策劃這一系列雜誌講座，和這羣熱愛雜誌的好朋友們，一起聊聊我們為什麼如此喜愛雜誌，到底這些雜誌有什麼學問，讓我們這群人願意花大把大把的錢買雜誌，即使房間塞滿了、就算十幾年沒拿出來摸過仍然不捨得丟掉……

這一次的雜誌講座，身為策劃者的我以「生活風格」類雜誌為主軸，原因有二——第一，我們這群人就是比較喜歡看這類東西，如果你對財經、八卦、影視娛樂……等暢銷主流雜誌類型比較感興趣的話，拜託你不要來，你會聽不懂我們在講什麼；第二，根據帶我入雜誌這一行的老闆詹偉雄大哥的看法，台灣在整個華文雜誌圈最有競爭力的，就是生活風格這一塊，如果你想聽聽台灣這群有創意和實踐力的編輯者，他們如何在本地市場做出有意思的「小雜誌」，還有深深影響他們的外國雜誌是什麼，那你一定要來。

所以「雜誌俱樂部」談的其實不只是雜誌這件事，它跟台灣社會的變動有關，它和消費市場有聯繫，它牽涉生活風格，它當然會談到編輯技藝，它一定離不開雜誌上癮這件事。過去十年，我參與了《Shopping Design》（二〇〇六至二〇一一）、《小日子》（二〇一二）和二〇一三年四月誠品書店《提案 on the desk》這三個不同類型雜誌的創刊過程，經歷了這麼多有趣的過程，學習了許多有用的本事，催促我一定要寫出這本「抒情時代的感性編輯手記」。

為何強調抒情時代呢？這些年從事編輯工作，深刻體會雜誌是料裡情緒的事業，如何運用理性的編輯技術傳達感性的畫面和故事，是生活風格編輯一定要會的基本功。我在這本日本編輯書——〈The Edit of Tokyo／Visionary Tokyo Editors : Their Lives and Works〉看到他們對編輯這件事的詮釋，真是讓人大開眼界：

Edit is war

Edit is magical

Edit is fiction(poetic)

Edit is Rock’ Roll

Edit is package

Edit is innovation

Edit is extension of sense

接下來讓我們一起進入雜誌俱樂部吧，在這抒情的時代，找到屬於自己的感性手記。

CO.2

黃威融成為雜誌編輯的幾個轉折

——廣告文案・圖文作家・後製主編

我是黃威融，在台北出生長大的五年級後段班，第一份工作是廣告文案，沒幾年就適應不良改行去寫書，二〇〇〇年前後寫過幾本還算暢銷的書，例如一九九八年和四位好友集體創作的《在台北生存的一百個理由》，二〇〇六到二〇一一年擔任《Shopping Design》總編輯，改變了我的下半生。如今回想，其實這些事都跟圖文整合和集體創作有關。

成為雜誌編輯這件事，對二十多年前的我完全沒有吸引力，一九九三年夏天我準備入社會找工作，大學時期種種風光不再，就算曾經當過「校園刊物總編輯」也沒什麼了不起，更何況九〇年代初期的台灣根本沒有讓人覺得你跟它是同一掛的雜誌想去工作，我決定先去廣告公司當文案。

我的第一份工作是意識形態廣告公司的文案，直屬老闆是以司迪麥和中興百貨廣告聞名的創意總監許舜英，我跟在她身邊兩年學到許多事，在此列舉重要兩點：第一，創意人不只要會生產厲害的點子，更重要的是懂得如何販賣（對內是說服行銷業務，對外跟客戶提案）；第二，多看外國雜誌，一定要多看，多看雜誌就會有很多厲害的創意。許小姐愛看的雜誌非常多，而且她看的雜誌很多是我們這種小卡根本沒聽過的（歐美先進出版單位才有的藝術文學時尚流行……雜誌她都看，這幾年她在上海擔任奧美時尚首席創意長，做的廣告還是很酷）。

不認識許小姐的人，光看她的外表總覺得一定是個冰冷難相處的人，如果你問我她是這樣的人嗎，我會說她根本不是，在我的創意生涯她毫不吝嗇地幫我好幾次忙：一九九三年夏天我退伍前，我主動寫信給她爭取廣告文案的工作，在此之前我只有在大四社團活動跟她見過幾面，她提供機會給毫無經驗的我進入廣告圈，讓我學習到一大堆後來影響我一輩子的觀念技術和創意人工作方式；一九九七年我出第一本書《旅行就是一種Shopping》，我麻煩她不要寫一篇稱讚我多有才華多會旅行的文章當作推薦序（因為我本來就不是才華洋溢的旅行達人嘛），她寫了篇「米澤牛．山形柿——一個物質主義者的旅行」給我，那幾年不知有多少人跟我說你那本書前面許小姐那篇是整本書最好看的一篇，我一點也不覺得這是吐槽，這應該是對我那本初登板創作的最高肯定才是啊。

二〇〇八年三月許小姐出版了《我不是一本型錄》，內容收錄了她和《ppaper》創辦人包益民在《ppaper》的精彩對談文章，其中一篇講雜誌編輯的文章被當時已經在巨思文化編雜誌的我影印放大在電腦旁邊的隔板上；二〇一〇年底她回台準備《許舜英購物日記》新書的事，百忙之中她接受《Shopping Design》的訪問；二〇一二年四月《小日子》創刊前，我請她寫篇她在上海自己做早餐的文章，她依舊爽快答應。

離開廣告公司之後我出了幾本書，其中最有成就的應該是一九九八年我和四位好友在大塊文化出版的《在台北生存的一百個理由》，用我現在的角度回頭去看，那本書根本就應該做成雜誌，那本書的內容

這是許小姐和包益民在《ppaper》對談「如何編一本好看的雜誌」，我把這篇文章影印放大釘在電腦旁邊的隔板上。

結構和版型規劃，是我們偷抄了許多當年愛看歐美日雜誌的綜合體。當時的我還是沒想到編雜誌可以成為我的正職，直到二〇〇四年秋天，我正式成為詹偉雄的手下，在科技財經雜誌的編制下開始我第一份雜誌工作。

二〇〇四年秋天，我被詹偉雄找去負責《數位時代》雙週刊的後製主編，當時我們最常參考的是正統的國外財經和科技雜誌，例如美國商業週刊《Business Week》和《Fortune》，詹大哥曾經有一大批很酷的從九〇年代至今的《Wired》雜誌（據說某次大掃除被不識貨的打掃阿姨整批當作廢紙回收），還有聽當時同事說，創刊初期大量參考美國女性生活潮流雜誌《Real Simple》的圖文構成。

二〇〇四年進雜誌正式當編輯前，我是個眼睛跟手距離很遠的那種人，雖然已經買了十幾年的雜誌，但是其實都沒有讀懂它們。因為《數位時代》後製工作的需要，我必須把以前看到的夢幻版面應用到現實的工作，好比說那幾年我們常常要做「年度風雲人物」之類的題目，可是怎麼做就那幾套，我就拿二〇〇五年一月一日《BRUTUS》做的「Trend Makers 2005」給同事們看，它們從選角、拍攝到敘事方式，

荷蘭設計雜誌《Frame》出過這個《The Back Issue / The Guide to FRAME's First 50 Issue》。

《デザインノート》（Design Note）提供許多設計編輯專業知識，雖然定價1600日圓有點貴，內容真的很有料。

都成為我們的重要參考。

效果更好的是詹大哥偉雄常拿著他剛買到的日本雜誌，告訴我和美術同事黃昭文為什麼這張圖要這麼用、這邊要這樣排……經過那段苦不堪言的練功階段（白天看人家雜誌很爽，晚上編自己雜誌很幹，因為根本天差地遠），那幾年我們學到的編輯知識可能是同時間一般人的好幾倍。在那段過程我深刻體會到台灣大多數雜誌不好看的原因，就是因為多數工作者普遍缺乏圖像思考的能力，說要圖文整合很容易啊，用說的大家都會，問題是大家沒那個能力去做出來。圖像其實就是內容。台灣做雜誌的動腦會議上，都是以文字來思考，比如這篇要寫多少字，但是對於照片和圖表都當作次要。日本雜誌厲害之處在於他們知道怎麼以圖像來傳達訊息。

真正把「編輯」當回事之後，才發現這是個充滿學問的美好世界，例如日本《デザインノート》（Design Note）這本 Mook，它的定位是「How to make a design, top creators& their workflows.」提供許多設計編輯專業知識；從詹大哥書櫃找到的《Grid System in Graphic Design》，講的是雜誌版面最基本的骨骼線，這些應該算是實用導向的工具書；

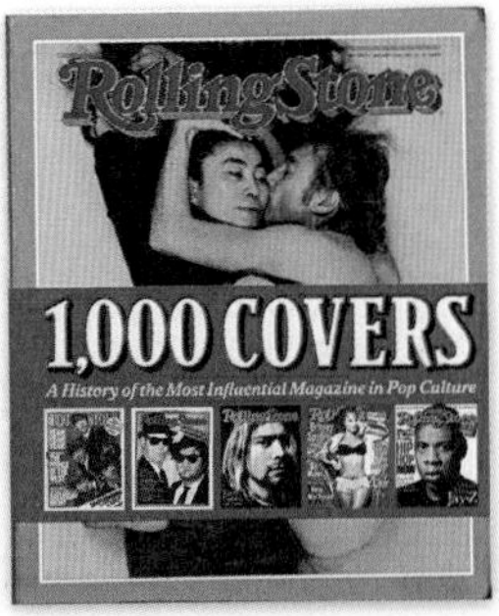

《Rolling Stone》封面合集講的是 A History of the Most Influential Magazine in Pop Culture.

《Esquire》出過這本包括美版和日版封面的合集。

很多有歷史的雜誌會把他們歷年的封面結集出書，這種書太殺了，看這些封面不只是看設計看當時的選題，也是在看時代變遷，荷蘭設計雜誌《Frame》出過這個《The Back Issue / The Guide to FRAME’s First 50 Issue》，《Esquire》出過這本包括美版和日版封面的合集，《Rolling Stone》這個封面合輯，講的是 A History of the Most Influential Magazine in Pop Culture，《Sport Illustrated》五十周年出的這個精裝版是每個運動迷一定要收藏的啦；還有一種編輯書是文字為主的，像這本《東京的編集（The edit of Tokyo）——Visionary Tokyo Editord : Their Lives and Works》，菅付雅信編．著，Pie Books 出版，本書收錄了幻冬舍老闆見城徹、女性雜誌《Ginza》、《an.an》總編輯定川美代子、跨足藝術設計和出版編輯的後藤繁雄、參與多本雜誌工作的小黑一三……等十一位。

感謝這些編輯路上的巧遇和轉折，關於圖文整合和集體創作的精彩故事，接下來才要正式開始。

《東京的編集（The edit of Tokyo）——Visionary Tokyo Editord : Their Lives and Works》，菅付雅信 編．著，Pie Books 出版。

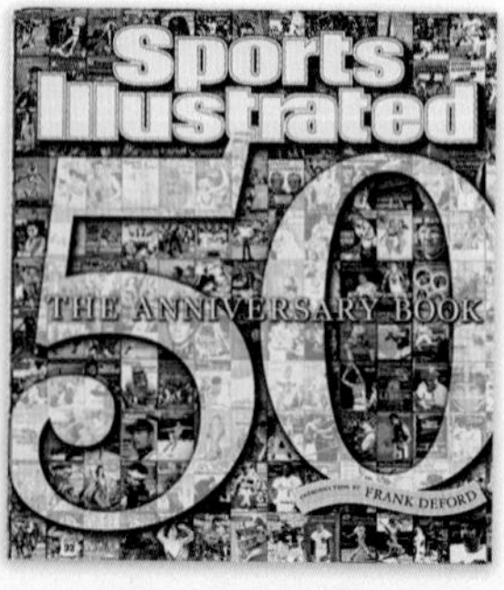

《Sport Illustrated》50 周年出的這個精裝版是每個運動迷一定要收藏的啦。

CO.3

一百理由之後的各自長征

十多年前的一九九八年秋天，我和馬世芳、陳光達、許允斌和姚瑞中四位好友幹了一件有意思的事——共同創作《在台北生存的一百個理由》（大塊文化出版）。當時的我們基本上是用「出清存貨才能告別青春期」的瘋狂態度，挑戰當時出版環境習以為常的工作模式，採用幾近毀滅友誼的吐槽批鬥，完成了一本可說是叫好也叫座的作品。因為這本書，許多陌生人跟我第一次見面，常會先對我說你就是寫一百理由那本書的作者喔，然後勉強提到你那本旅行書好像也很不錯，喔那你現在在做什麼，編雜誌喔？那一本呢？

那是決定性的一役，我認為一百理由這個創作合輯，把我年輕的好

運全部用盡，也讓我們五個人了解：像這樣太浪漫的事，一輩子只有機會做一次。二〇〇六年下半，一百理由有機會再版，大塊文化邀請我們五個人分別寫一段再版序言，我的部分這樣寫的：

三十歲那年，習慣橫衝直撞的我和此生難得的四位好友共同成就了這本創作，如今回頭看來，這是那段時日最不讓自己臉紅的一件事了。更重要的，是多年後當我們偶爾相聚，儘管菸酒小菜總量大減，各自新增的家人讓我們每個人隨時自我提醒別混太晚，一九九八年我們在羅斯福路五段地下室（大塊前址）每次開會討論那些激烈吐槽對方的言語，依舊仍在……

如今的我，最渴望的竟然是趕快變老，想看看要是就做現在這樣的苦差事一路下去，幾十年後會發生什麼事。我最大的盼望，就是這麼想東西寫東西編東西下去。我何其有幸，三十歲之前和四位好友共同創作了一些留下來的作品，後來的我幸運地在台灣雜誌圈遇到一群對影像創作、美術編排具有高度才華和熱情的夥伴（特別是《Shopping Design》的姐妹兄弟），他們讓我更懂得什麼是集體創作，更珍惜當年一百理由革命情感的難能可貴。

好幾年前我在國家地理頻道看到滾石合唱團去巴西里約海邊舉辦百萬人演唱會的紀錄片，好看極了，滾石合唱團那幾個老傢伙，到了七十歲還是穿著緊身牛仔褲濃妝打扮在世界各地巡迴舞台上活蹦亂跳（你若一定要說他們在削錢我也無話可說，但你難道讀不出其他更有興味的訊息嗎），即使他們唱的還是六〇和七〇年代那幾首最招牌的歌，我覺得一輩子能夠持續做自己最喜歡的事，而且不管別人的看法就是悶著頭做，就是這世上最幸福的人。

我希望自己五十幾歲六十幾歲的時候，就算頭髮變很白、腰圍變很粗、開始戴老花眼鏡，還是在做現在正在做的事。二〇一〇年夏天一百理由作者之一允斌結婚那天，我們在馬芳老家屋頂拍了照，後來我把照片寄給大塊文化的老長官們，廖立文總編輯（我們叫他廖公）淡淡地透過電郵回了幾句：「辛苦了，大家都長大了。一路走來，我知道，都滿辛苦的。前面的路還長，要堅強，不要守規矩。」

要命，一看到這段，當時一個人走在路上用手機收信的我，看著熟悉城市的街景，心底已經哭得亂七八糟。怎麼會有這種長輩啦，擔心

我們變乖變保守，感謝廖公提醒，未來還有好多事要做好多路要走，的確不能被之前的挫折打垮，真的撐不下去的時候，大家一定要互相幫忙提醒打氣。

1 設計雜誌 與台灣社會

THE ERA OF DESIGN MAGAZINE IN 2004-2011 TWN

生活風格編輯法

＝圖文整合＋集體創作

八〇年代末期我在台北念大學時花了很多時間編輯校園刊物，應該上的課幾乎都不會去上，而是拚命去尋找任何對刊物編輯有幫助的事物。那個時候的台灣有不少認真上進的雜誌，例如《當代》、《人間》、復刊的《文星》……此外兩大報紙（中國時報和聯合報）的副刊和文化相關版面也相當好看。不過我比較有興趣的一直是娛樂價值比較高的軟性雜誌（用當時的說法，我這種卡就是不夠有政治意識和社會實踐力），我在九〇年代初期看到來自香港的《號外》雜誌（那幾年它還曾經發行台灣版本），驚為天人，對於他們的內容如此的資本主義和商業流行，卻同時存在強烈的編輯風格和生活主張，深深影響了我後來的編輯思考。

影響我這輩的進口雜誌們

進入九〇年代，身在台灣的我們眼界大開，與其說是因為台灣出現了有趣的雜誌，其實是我們可以在大型書店或某些唱片行（好比說當年西門町成都路口的 Tower Record 進口了一堆跟音樂其實並不是直接相關的奇怪雜誌），看到我們過去從未見過的歐美日雜誌。

如果要挑出這個階段影響我最深的進口雜誌，我會說是日本次文化雜誌《Studio Voice》和運動雜誌《Number》，這兩本雜誌我收集了一大堆，每次整理房間或搬家，都曾經動念把它們丟掉，不過目前它們都還在身邊，每次看到它們就好像回到那段青春歲月。多補充兩本，九〇年代末我去香港最愛買《武剛車紀》，它的英文是「Men's Machines」，內容鎖定汽車相機音響，比起另外香港幾本主流汽車雜誌，它的文筆和意見都酷得多；另一本是一九九六年創刊的《Wallpaper》，它創造了一個新的類型和編輯態度，前幾年的《Wallpaper》即使現在看，都還是覺得很前衛（二〇〇七年《Wallpaper》創刊總編輯 Tyler Brûlé 新創辦了《Monocle》）。

STUDIO VOICE

1995-2000 年間的《Studio Voice》當時幾乎都有買，但現在還跟在身邊的不多。

武剛車紀

這是香港懂車懂編輯懂寫作的人們做出來的，只要去香港一定會買。

NUMBER

1995 年起我常買這本日文體育畫刊，年輕的伊達公子和野茂英雄當時很紅。

WALLPAPER

如果你現在有機會遇到 2001 年之前的舊雜誌，趕快收藏吧，真的太好看了。

BRUTUS

我身邊的伙伴們個個都是它的鐵粉，我從 2001 年開始迷上了這本主題雜誌。

二〇〇〇年以後，有兩本日本雜誌成為我的採購主力——《Brutus》和《Casa Brutus》，前者是半月刊，每期都會推出一本大主題，它的選題結構攝影排版敘事……簡直是雜誌聖經；後者的開本較大，主題圍繞著建築和設計，它們針對日本和世界知名建築師和作品的報導，深度和廣度都很強。

以上這些，算是引誘我成為雜誌編輯的糖果（其實編雜誌根本是苦藥）。二〇〇四年秋天，我加入當時還是詹偉雄擔任總編輯的《數位時代》，被折磨一陣子之後，我馬上發現原來編出好看雜誌這件事怎麼會這麼難，我認為根本不必把責任都推到市場不夠大，製作預算不多……這些結構性原因，我覺得人家的雜誌那麼好看根本原因是他們都太有才能，而我們這裡的編輯都顯得相當笨拙。

遇到有才華的老闆和伙伴們

要談《Shopping Design》的創刊，一定要從《數位時代》開始講起。

當時的我和《Shopping Design》美術總監黃昭文，都在台北市敦化南

CASA BRUTUS

早期集中報導建築和設計，前幾年的封面故事可說是期期經典值得收藏。

路二段一家科技財經雜誌全職上班，把時間再往前推兩年，我們兩個是在二〇〇四年的秋天被一個名叫詹偉雄[1]的人鼓吹，邀請我們兩個一起參與那本雙週刊年底的改版。在此之前，我們兩個跟詹大哥的合作經驗，就是二〇〇四年八月由風格者出版的《國家的靈魂——中華隊的33場關鍵球賽》，這本書是配合二〇〇四年雅典奧運中華棒球隊前進希臘所推出的書，由我負責統籌主編，昭文當時還在原本的公司上班，因此只能請他指點封面設計和內頁版型。負責封面和內頁人物攝影的就是後來擔任《Shopping Design》幾乎所有攝影工作的陳敏佳。

經此一役，詹大哥對昭文的美術編排能力高度讚賞，特別交代我一定要想法子把他從服務即將滿十年的出版社挖走。要催生這件事，最重要其實是要挑動起個人的熱情，二〇〇四年當時詹大哥心中最欣賞的雜誌是日本版的《GQ》，當時的日本《GQ》用時尚雜誌的手法處理政治經濟的題材，非常前衛特別，彼時日本《GQ》的美術總監是CAP集團的藤本先生，他正好就是昭文最景仰的日本平面設計大師，於是這件事就這麼順利談定。

國家的靈魂－中華隊的 33 場關鍵球賽

2004 年，風格者出版／人物攝影由陳敏佳攝影，封面經黃昭文調校，這是我們三人初次合作。

日本版《GQ》

日本《GQ》跟其他國家的《GQ》很不一樣，例如這期封面是小田切讓，但封面故事是講JAL的復活，安排了102人的訪談，超級厲害的內容規劃和執行。

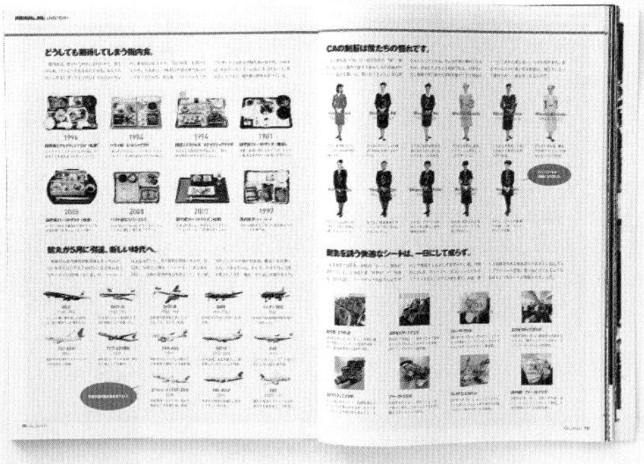

那幾年的日本《GQ》好看得嚇人，它的題目拆解和美術表現可以玩得如此高明，負責排版的藤本泰領軍的CAP設計公司是重要的關鍵，他們把雜誌視覺拉高到一個極高的層次，看過那麼多精彩的東西，讓人不自量力地想要投身雜誌這一行試試看。到那個時候我才知道，原來十多年前我在廣告公司時期迷戀的《Studio Voice》也是藤本泰負責設計的，二〇一一年台灣原點出版社出版這位日本雜誌首席藝術指導的自傳書《雜誌上癮症》，我特地受邀寫了篇推薦序，透過那篇文章我向這位大師致敬：

「如果這個世界沒有藤本先生的存在，我想我是不會走上編雜誌這條路的。是的，一個擁有超級才華的人絕對可以改變一個行業，這是藤本先生教會我的事，因為有藤本先生這樣對雜誌有熱情和驚人才能的人投身其中，一個許多人看不上眼的東西，可以變得如此充滿詩意和創意……藤本先生根本不認識我，但是因為早期的《Studio Voice》，二〇〇四年前後的日本版《GQ》鼓舞了我以及許許多多在雜誌這行苦戰的伙伴。感謝你，藤本先生，因為你因為CAP，我們更加了解雜誌是多麼有趣的事業啊。」

是工作伙伴也是酒肉朋友

現在回想起來，我和昭文跟著詹大哥編科技財經雜誌那段時間，是打下《Shopping Design》編輯工作基礎的關鍵歲月，我們當時因為是雙週刊的出刊節奏，腦力和體力的消耗量非常大，我在那個時期負責和好幾個外部作者約稿，這些人後來都變成我的班底。更重要的，是因為攝影外發，促成了我們和攝影師陳敏佳混雜了工作伙伴和酒肉朋友的特殊情誼。陳敏佳在二〇〇一年二月到二〇〇三年底期間是詹大哥手下的攝影得力助手，一如多數台灣知名攝影師的發展，一般雜誌社的薪資條件和工作環境是留不住才華洋溢的攝影人才，幸運的是，我們就在不久的未來成為往來密切的工作伙伴。

二〇〇五年十一月，詹大哥策劃了「科技人進修指南」的封面專題，他在製作層面下了兩個指令——第一，封面找個可口的人物來串場；第二，不同領域的進修課程的開頭，分別找一個受訪者拍有氣氛的跨頁大圖。我當時的職稱是「後製副總編輯」，最重要的工作就是把總編輯交代的事執行出來（後來我跟拍片的朋友們聊，他們說這就是所謂副導在拍片過程做的事，從叫便當、喬通告、安慰女主角情緒、跟地區警察或大哥拜託……都是你的責任區），詹大哥指示我們去找敏佳討論，於是昭文和我跑去敏佳當時的工作室——位在華山藝文特區對面、忠孝東路二段上那排老舊四層樓公寓的某個頂樓，我們三個用聊天閒扯的方式，就把執行方向和細節想出來，那一期雜誌，後來成為我們在許多演講場合一定會提到的重要教材。

以上算是前情提要，二〇〇六年底之後發生的事大概就是在這樣的前提下展開。在這四年的時間裡許多人問我創辦《Shopping Design》的前因後果，我最想說的其實是，因為詹偉雄的撮合，美術黃昭文＋攝影師陳敏佳＋編輯黃威融，我們三個人組成了一個各司其職的工作團隊，《Shopping Design》的故事才有辦法開始。

特別要感謝《Shopping Design》創刊前那兩年的艱苦歲月，那兩年我和昭文做了四十八本雙週刊（特刊不算），等於是做了四年的月刊，熬夜無數，頭頂白髮和腰圍增加的程度慘不忍睹，但是我非常感謝有那兩年的折磨（尤其是詹總編輯無數次在午夜加班退件的打擊，讓我們好幾次真的認為自己是白痴），使得我們更加珍惜在《Shopping Design》的創作機會。

黃威融參與的《數位時代》雙週

2004 年下半的「設計師老闆」和「心的華碩」，2005 年的「百億副總」和 2006「新日本」，2007 年的「微軟」和 2008 年的「Web 2.0」這幾期，都是我擔任後製編輯工作參與的工作。

關於詹偉雄和詹偉雄編輯學校

詹偉雄，一九六一年生於台中豐原，一九九九年七月至二〇〇二年六月期間擔任《數位時代》總編輯，〇二年秋天進入台大新聞研究所碩士班念書，因課業壓力繁重轉任《數位時代》總主筆，二〇〇五年一月回任總編輯，同年七月出版《美學的經濟》成為暢銷書作家。二〇〇六年上半在家觀看世界經典棒球賽轉播時心臟突感不適，赴醫院檢查後確定為心臟病患者，醫生嚴重警告不可過度勞累，從此遠離編輯現場至今。二〇〇六年下半參與學學文創的創立，擔任副董事長，參與整體課程規劃和員工培訓等創意工作。雖然醫生再三提醒多休息，近幾年文創產業和設計活動的演講邀約和會議通告不斷，人非常難找，手機常不接，要找他得很有耐心。現在專心讀書寫作，迷上戶外活動的規劃和器材採買。

如果說《Shopping Design》在二十一世紀前十年的台灣雜誌扮演了小小角色的話，我認為詹大哥從一九九九年七月創辦《數位時代》所開創的雜誌編輯成就，十多年來被台灣社會嚴重地低估，而我們這些徒弟們，只是幫這類高度圖文整合的編輯基本功做了起碼的實踐罷了。

所謂詹偉雄編輯學校，這個名詞是由一群曾在詹偉雄手下工作的編輯記者美術攝影……伙伴們所發明，要成為這個「學校」的「學生」，你必須跟詹偉雄一起從事編輯工作（一九八〇年代中期他在夏潮雜誌，一九九〇年前後在天下雜誌，九〇年代末則是藍鯨出版、數位時代和風格者出版），跟他工作過的人很多，不爽他不鳥他的也不少，但是如果你曾經半夜幫他買過罐裝可樂、跟他一起在樓梯間抽菸、十幾個人半夜圍在會議桌喝豆漿吃燒餅油條（以上這些傷害身體健康的活動二〇〇六年某人得心臟病後統統不敢再做），你應該就是這間編輯學校的班底。當然你若是他去龍門吃滷味或宜蘭騎車的班底，那你鐵定是我們的一份子。

科技人進修指南

2007 年 11 月的這期，女主角是後來很紅的香月明美，當時的通告費很實在。內頁幾張厲害的照片是攝影師陳敏佳獨自想出的場景安排，戲劇張力十足。

早期數位時代雜誌封面

1999-2001 年早期月刊時代的《數位時代》，每期份量很重，廣告頁數嚇死人的多。封面人物的長相和呈現方式跟主流財經商業雜誌很不同。

C1 .2

設計雜誌的誕生反映台灣社會的變化

從《La Vie》和《ppaper》說起

二〇〇六年底我幸運地參與《Shopping Design》（設計採買誌）的創刊，親身見證了一個雜誌類型從小到大的過程，這其中透露了台灣社會微型但具體的變化。

《Shopping Design》創刊那一年，二〇〇六年台灣雜誌市場裡最知名的設計雜誌是城邦集團在二〇〇四年創刊的《La Vie》，和二〇〇四年底由廣告創意人包益民創辦的《ppaper》。《La Vie》一開始的自我描述是「漂亮」雜誌，多年之後的定位是「鼓動大眾實踐美好生活，內容涵蓋生活、建築、時尚、設計、藝術五個核心領域」。《La Vie》出身台灣最大的出版集團（城邦），它是正規軍，它的架構和資源都相對巨大，同時期的《ppaper》選擇了不同的做法。

《ppaper》設定跟創意設計產業對話，他們覺得當時的台灣已經成熟到可以養活設計雜誌：「根據統計，約有五萬人就讀於設計相關的科系，另外約有五萬人從事創意相關產業，我們提供國內設計相關人士們設計理論及設計類相關報導等，冀望提供精簡實用的設計觀點和創意啟發。」《ppaper》二〇〇四年十二月創刊，創刊號賣出三萬五千多本，成為台灣有史以來最暢銷的設計雜誌，第四期後成為超商雜誌類銷售第三名，僅次於《商業週刊》和《壹週刊》，二〇〇五年四月（第十七期）之後改為半月刊。

根據詹偉雄的《風格的技術》（二〇〇八年四月出版，風格者出版）裡詹大哥和包益民的對談，《ppaper》至少做對了好幾件事：第一價格破壞，訂價四十九元，剛創刊時只在7-11販售，因為四十九元的超低定價，消費者對產品會有比較多包容與體諒，對內容和紙張不會那麼要求。第二，紙張突破，它的封面和內文合在一起印、不是分開，用的是有點泛黃的模造紙。它們成功說服廣告客戶（特別是時尚品牌）同意讓廣告印在非銅版紙，這是很厲害的本領。第三，人數精簡，只有四個全職的編輯，搭配外稿寫手，編輯的正職其實是做商業設計案。第四是版面紀律，它的廣告和內文都不會看到出血的版面，「骨骼線」（grid）非常強，都是「水平／垂直」的構圖。第五是視覺魅力，包益民透過他在國外念書和工作建立的人脈，找到許多願意免費提供作品圖片的設計師、創意人和藝術家。

《La Vie》和《ppaper》都在二〇〇四年創刊這件事，其實不是巧合，而是一個歷史發展的大勢所趨。我在二〇一一年五月《Shopping Design》的文章「設計在台灣變得重要的幾個轉折……」提到，因為一九九〇年代台灣社會發生了幾件當時看來微不足道的小事，後來讓設計變成台灣社會重要的事。首先是大學增加設計科系，再來是台灣電子產業對設計的需求大增，因為有這兩股推力，於是造就了設計媒體的增加。

《Shopping Design》的誕生背景就是如此，當時的社會已經明白地透露對設計訊息和知識的需求若渴，當時我身處的雜誌公司被通路告知：「現在設計很紅，你們要不要做個設計特刊？」我們姑且一試，在二〇〇六年十一月推出了第一本「採購白色好設計」，沒想到，市場反應還挺不錯的，我當時的老闆跟我說：「威融，我們就往下做吧，不過只要三期賠錢我們就收起來。」當初的我們還沒清楚意識到這本雜誌已經走在歷史正確的道路上，一路走到現在，這本雜誌都還活得挺好的。

雖說我們走在歷史正確的道路，但實際在編輯現場工作相當的折磨，不過我必須要說二〇〇六到二〇一一這五年這段時間，當我在《Shopping Design》擔任總編輯時，發生了美好的故事……。

買設計，學設計，享受設計

當每個品牌都聲稱它擁有最獨特的設計，當設計成為消費者最感興趣的議題……歡迎來到 Shopping Design 的新社會。Shopping 不只是逛街刷卡而已，Shopping 更是精神逛遊的日常活動，對於身處風格社會和美學經濟的消費者而言，Shopping 不難，難的是如何 Shopping「Design」？

設計並不是設計師專屬的領域，所謂的好設計，當然不是只存在於昂貴的設計師品牌之中，消費者的挑戰在於：如何從一般品牌的眾多產品中，找到具有一流設計師手法的好貨，同時，當你有一定的消費實力時，你有能力和名牌設計師的產品對話，理解它的設計語言，進

SD 2006 年 11 月號封面

而和這些設計師心靈相通。

就從日常生活開始吧：也許是辦公室的小文具，一個旅行中偶遇的餐盤，一件服裝雜誌上看過讓你難忘的襯衫，一個天才團隊設計的電腦……Shopping Design 不是敗家，而是真實的生活實踐，它讓人覺得活在這個不怎麼完美的世界，接下來的日子一定還有希望，永遠還有更好的 Design 要 Shopping。

附錄文字

創刊號內容構成——

純淨的白色，開放的白色，寬容的白色……
大量運用白色器物，現實的人生有了完美的可能。

Elegant Touch
白色的手機，白色的電腦，白色的餐盤和水杯……
因為白色的出現，人與人之間的溝通有了新的方式。

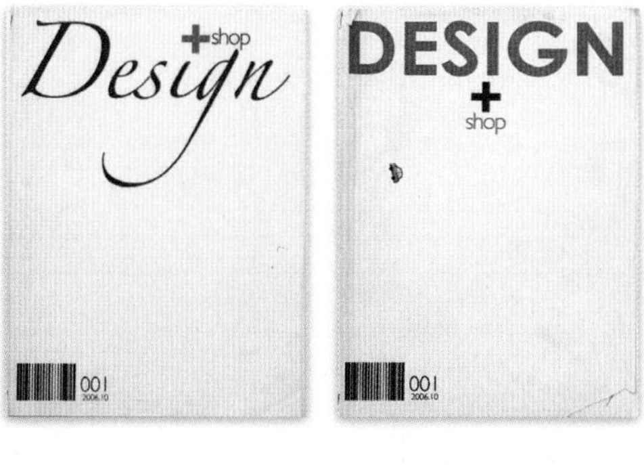

試刊階段昭文請印刷廠用不同紙張裝訂樣品來評估。

Simple Style

極簡主義的白，現代主義的白，解構主義的白……

每一種白，都是最簡單和最複雜的混合重組。

Modern Purity

柔軟的白色，穿透的白色，摩登的白色……

成就日本文具的細膩貼心和搖滾樂團的觀念藝術。

從未公開的創刊號發想階段試做封面，上面改正文字應該是詹偉雄畫的。

美術會在拍攝進行前把畫面用素描的方式勾出來，方便溝通討論。

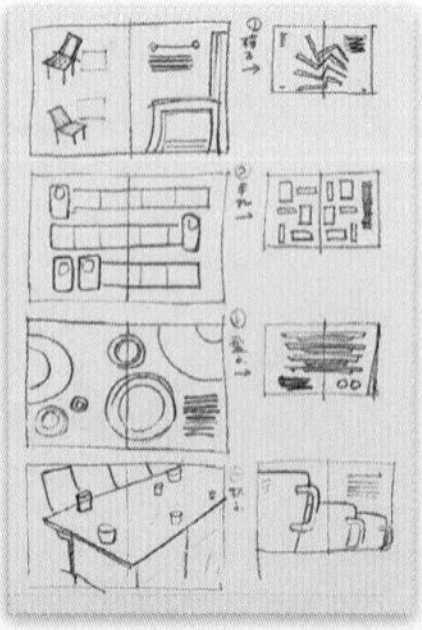

獨立製片工作方式確認

二〇〇六年十二月，第一本《Shopping Design》順利出刊，兩個月後，也就是讀者你現在正在翻閱的這一本，是第二本《Shopping Design》。形成「第二件作品」這件事，向來是極為麻煩的挑戰，創作歌手或電影導演一片走紅的例子所在多有，問題常常出在第二張作品，成則前途光明，敗則美夢一場。

《Shopping Design》第一次的封面主題是「採購白色好設計」，因為現實條件的限制，我們採用類似獨立製片的手法（相對於已經有市場位置的主流品牌），運用有限的人力和外在資源生產工作，許多認識的或不認識的朋友透過各種管道反應他們的抱怨和欣賞，這些意

SD 2007 年 2 月號封面

見，我們都收到了。

這一次，我們仍然是「獨立製片」，最大的收穫在於新工作方法的確定。團隊中的大部分成員，過去最熟悉的都是台灣傳統雜誌的「交響樂團作業流程」，習慣身為大樂團大編制下的一份子，演出前認真地排練，演出時遵照指揮的節奏。這是昔日台灣大多數雜誌的工作方式，但我們私自以為，當市場口味改變、類型開始重組逼使產品必須調整的時候，就該嘗試另一種演奏方式。

相對於「交響樂團」的精密嚴謹，爵士樂團的表演方式大不相同，樂手間的默契和即興想像才是作品精彩的關鍵。身為爵士演奏的一員，你不但必須秀出自己獨到的才能，更得激發和你同台的伙伴表演的興頭，還要知道在適當的時機把舞台讓出來給他 solo，當每個演奏者都表現出個人最好的一面，那就會是最動人的音樂。

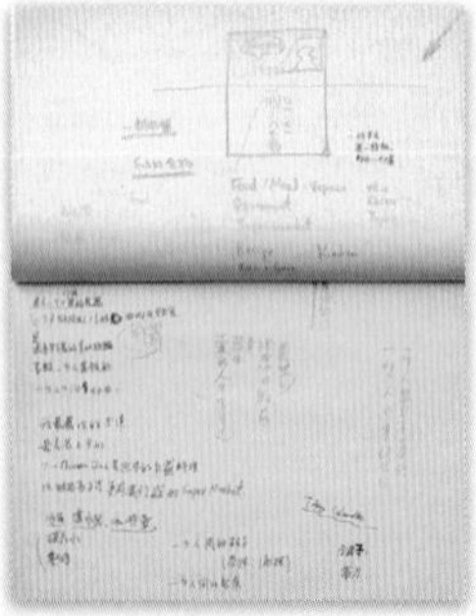

我習慣在筆記本手寫每期可能的標題和內容架構想法。

生活形態才是一切

你應該翻過《Wallpaper》這本一九九六年在倫敦創刊的雜誌，它的定位從最早的「The stuff that surrounds you」，到近期的「International Design Interiors Lifestyle」，內容走向其實並無太大改變。如果一定要說有什麼不同的話，應該就是二〇〇二年創辦人 Tyler Brûlé 的離開。

二〇〇七年三月，這位《Wallpaper》創辦人創辦了一本新雜誌《Monocle》，被喻為是《Wallpaper》和《The Economist》（經濟學人）的綜合體：擁有《Wallpaper》的視覺魅力和《The Economist》的扎實內容。按照 Tyler Brûlé 自己的說法，想辦《Monocle》這本雜誌的念頭，起源於編輯團隊在國際機場的觀察，他們認真地注意每一個乘客會買哪些雜誌登機，因此他們打算為這群「highly mobile, international

SD 2007 年 4 月號封面

audience」製作一本「a smart, forward looking, single edition global briefing」的出版品。而「Monocle」這個英文字的意思，指的是十九世紀歐洲知識貴族戴的那種單片、有鍊子的眼鏡，用這個字來當雜誌名稱，極有意思。

《Monocle》的欄目規劃非常犀利，它用A、B、C、D、E這五個英文單字的順序發展出Affair、Business、Culture、Design、Edits五大區塊，準確地跟全世界的讀者和廣告主交代了他們想幹和有興趣的事。此外，Tyler Brule在創刊號內文的最後一頁，寫了一篇文章，列出十條《Monocle》的編輯方針。

如果你已經購買、在書店翻過《Monocle》這本雜誌，以上這些事你應該不陌生，若是你還沒翻過，強烈建議你去找來享受一下……它的內容對應的是一個生活形態成熟完整的現代資本主義社會（有人說是後現代），他們編輯能力之強，必須承認是我們幾輩子都學不完的。但是身為一個喜歡吸收新事物的人來說，能夠每個月看到這些飄洋過海的好東西，真是幸福。

享受工作伙伴才華洋溢的激情與亢奮

如果你看過《Monocle》這本二〇〇七年三月創刊的雜誌，你可能也看過《Brutus》和《Casa Brutus》這兩本日文雜誌，身邊喜歡編雜誌的朋友們幾乎期期必買，每當腸思枯竭，隨意翻開就是一堆驚人的點子和讓人不敢置信的執行功力，光是照抄就是無比困難，因為就算學到它的結構和技法，它們內容和形式一氣呵成的精準度，超級難學。

《Brutus》創刊於一九八〇年，每一期都會推出一個份量驚人的封面主題，它算是本給男性看的生活形態雜誌，每月發行兩期，一九九八年衍生出《Casa》這本以建築、設計為主的季刊，反應奇佳，二〇〇〇年十月改成《Casa Brutus》月刊，幾年下來成為日本極受歡迎的 Life Design Magazine。

SD 2007 年 6 月號封面

這一路的雜誌跟主流雜誌有兩個不同點，第一是大量採用特約寫手和攝影師，仰仗人少質精的編輯群統整；第二，充分運用圖文整合的技巧，而不是單靠文字論述呈現觀點。這樣的做法能否運作流暢，關鍵在於整個工作團隊的隊形和默契。

也許我們可以這麼說，主流傳統雜誌呈現的閱讀經驗，很像去「聽」蔡琴的演唱會，蔡琴的歌聲還有什麼好挑剔的呢？去「聽」她的演唱會，演唱會群眾當然也會對舞台燈光、歌手服裝、曲目安排……有所期待，但是群眾最在乎的還是蔡琴的歌聲，跟自己在家中用高級音響聽蔡琴的發燒片比起來，到底有何差別。主流傳統雜誌的讀者差不多就是這樣，最在乎純粹文字的深度和觀點，別的部分如果也不賴，例如版型、圖片、節奏會加點分，但這不是那群讀者最在意的。

相對於蔡琴的演唱會，且讓我們用前不久剛發行演唱會精選ＣＤ和ＤＶＤ的陳綺貞《花的姿態》專輯來說明。「看」陳綺貞的演唱會，除了「聽」女歌手的 vocal 之外，我們輕易就能感受到一股才華洋溢的激情與亢奮：舞台上樂手們情不自禁隨著節奏擺動的模樣，戲劇性燈光和切題的佈景裝置，女歌手跟樂手時而用眼神、時而用肢體語言的互動，還有影片拍攝者的運鏡和事後製作的巧思剪接……在這樣的演唱會舞台上，每個配角都是主角，他們相濡以沫，他們追求他們相信的風格，在短短幾個小時將過去幾年合力奮鬥的創作成果，用自己偏愛的方式隆重地呈現。

參加蔡琴的演唱會，你可能需要一對敏銳的耳朵和懷舊的心靈，但是參與陳綺貞的演唱會這還不夠，你必須投入大量的情感，你得夠年輕、夠敏銳才能充分感受，這一群音樂工作者忘我的激情演出。傳統雜誌追求一個絕世女聲（偉大的總編輯或總主筆），它預設了某種交響樂團的運作架構，成敗繫於指揮一人，但是新形態的雜誌閱讀需求根本難以透過這樣的工作模式去滿足讀者。要做不一樣的雜誌，希望建立另一種風格，得從好的隊形和默契開始，核心當然是為了做出更好作品，這樣的真誠和勇敢，其實是財務報表和營運企劃書看不出來的。

如果你看陳綺貞的演唱會ＤＶＤ感動地亂七八糟，你一定能夠了解這篇文章的意思，或者，你根本是在現場見證的一份子，那我除了羨慕你，還有很深的嫉妒。

這本雜誌有很濃的
在地生活氣味

《Shopping Design》出刊至今，現在讀者手上拿的這本是第五期（目前我們每逢雙數月十日出刊），喜歡它的讀者不少，其中有幾個已經搬到中國工作的老朋友，偶爾返台意外發現了《Shopping Design》，熱心地告訴我們，他們覺得這跟從前在台灣看到的東西不太一樣，也跟他們習慣閱讀的外國資訊不同，有一股現代的在地生活氣味在其中；還有一些長期關注設計的朋友當面跟我們講，你們的東西有點偏，但是說真的，你們的東西我還是會看，現在我根本懶的花時間去看那些沒有觀點、只放美美圖片的出版物。

活在這個世界，我們無可避免地受到每個人生活形態、喜愛路線、

SD 2007 年 8 月號封面

偏好的導演歌手小說家建築師設計前輩的影響，特別是從事編輯工作的我們，從每一次主題的設定乃至拍攝風格、版面調性、商品選擇……都充分反應我們這一群人難以悔改的審美偏見，在此同時我們當然也盡量努力設想作為讀者的你們，對某種風格路線的喜好或排斥程度。最有意思的工作情節，常常是某個人說了某個品牌的廣告路線應該比較適合這個題目的視覺策略，另一個人卻說某某設計師的哪本作品集的編輯手法其實更接近，接下來可能有另一位年輕人晃過來說，嘿，你們都沒聽過那個誰的歌喔，你們該去看看他的封面設計才對……

每一次《Shopping Design》的出刊，希望透過不同的主題，和喜歡 Shopping 也喜歡 Design 的讀者們達成互動，你們買單，我們就可以繼續往前，這樣的一群人，應該是滿街都是才對。

美術昭文常在拍攝之前，迅速隨意地用鉛筆在他隨身攜帶的美術紙筆記本上畫。

每一家雜誌的 Best 100 都是獨一無二的路線表態

二〇〇八年初夏五月，《Shopping Design》雙月刊打破固定在雙數月（二／四／六／八／十／十二）的十日出刊的慣例，推出「Best Design 100」特刊，這是二〇〇六年十二月創刊至今的第一次。

無論哪一種類型的雜誌，「Best 100」永遠是個最容易被提出、但最無法盡如人意的題型。首先，所謂的「Best」，根本沒有大家統統買單的標準；其次，為了找到一百個對應的答案，參與工作的伙伴窮盡所有可動員的設計人脈和搜尋技巧，到頭來總是有那麼幾個差強人意。關於這一點，《Shopping Design》必須先坦白我們的努力真的還不夠，如果未來還有機會，我們一定改進。

SD 2008 年 5 月號封面

一定要先說明交代的是，每一家雜誌做的「Best 100」，一定都是某個小團體獨一無二的路線表態：「你為什麼要選這個腳踏車」、「你憑什麼說這個辦公室最特別」、「你難道沒用過更棒的化妝品」……關於這些爭論和極接近人身攻擊的善意言語，當讀者們開始閱讀這本「Best Design 100」特刊之後，一定會發生，請相信我們，在二〇〇八年五月十日往前推的一個多月，《Shopping Design》內部的吵鬧更是兇狠，但是為了殺青交片，我們就先這麼交卷了。

以下就是我們這群伙伴在二〇〇八年五月推出的「Best Design 100」，透過 A to Z 的排序，將一百個有趣的設計事物整理出來，和喜歡設計的你分享。

BEST DESIGN 100 =

Architecture 5 __ Beauty 4 __ Brand 4 __ Car 6 __ Drama 4 __ Exhibition 8 __ Fashion 4 __ Food 7 __ Furniture 5 __ Gadget 8 __ Interior 7 __ Music + Movie 12 __ Office 1 __ Space 2 __ Sport 1 __ Transport 7 __ Travel 12 __ Watch 3

二〇〇八年夏末，我們在宜蘭遇到一群熱情工作的傢伙

本期我們特地前往宜蘭和「黃聲遠建築事務所＋田中央設計群」的伙伴們混了好幾天，他們的工作方式和情調非常獨特，工作空間比較像學校（我們推測應該是黃建築師念過的東海建築系翻版），工作方式接近研究單位（商業氣息簡直低到毫不存在），人員組合似乎更像社團或同好會（同事關係緊密到像家人）……我們麻煩田中央的朋友們帶路（感謝王董小白雞蛋的熱忱導覽），讓我們到宜蘭各地親身體驗田中央的作品，雖然時間有限我們來不及全部看過，但已經徹底改變我們對宜蘭對田中央對建築對地景的刻板印象。我們私下鼓吹田中央應該和觀光組織合作，定期舉辦宜蘭在地建築騎車參訪團，若能跟自行車品牌談成贊助模式更好，在宜蘭逛騎自行車最適合，一邊騎車

SD 2008 年 10 月號封面

同時體驗田中央這十多年在蘭陽平原的建築成果。

採訪過程中，黃聲遠建築師透露田中央即將會搬家，因此我們打算幫他們拍張大合照，作為他們這段時期的紀念。如果你是日本知名團體 Mr. Children 的樂迷，你應該已經知道我的意思，感謝 Mr. Children 在二〇〇七年推出的《Home》專輯，它的封面和 MV 畫面提供了我們極大的靈感，特此致上我們的感謝與敬意。當然，你若能邊聽 Mr. Children 這張《Home》的歌邊看田中央的報導，保證更讚。

日本精彩事物太多，這次我們先做入門

○八年底《Shopping Design》決定在今年二月推出「日本設計入門」之後，有兩件事左右了我們的心意：一個是一路狂漲的日圓，對市場敏感的同事好心提醒，現在日圓這麼貴，做日本相關的題目適合嗎？的確，本來就已經很沒錢的我們，再加上幣值作祟，日本短期之內可能真的不是一個好題目；不過等到我們元旦假期透過緯來日本台把○八年NHK的紅白大賽從頭到尾看完，過程中該笑該感動該流眼淚的地方都發生了，我們決定別管那麼多就認真把這個題目做出來吧。

NHK的紅白大賽是日本每年底的盛事，紅白兩隊的對抗只是一個

SD 2009 年 2 月號封面

表面形式，厲害的是每組人馬都精挑細選，每個橋段都費盡心思。先說評審，眾多評審中有兩位讓我「驚艷」，一個是北京奧運日本女壘隊的王牌投手上野由岐子，另一個是曾在二〇〇〇年雪梨奧運拿下女子馬拉松冠軍的高橋尚子，這兩位運動明星對流行音樂或戲劇舞蹈有特別研究嗎？為何找她們來當評審？

她們被邀請來這場盛會，關鍵是她們的表現是二〇〇八年日本社會的焦點之一，上野由岐子帶領日本女壘在北京力克美國拿下金牌，兩天投了三場比賽，她說這個金牌比我們想像的都還要重要，它讓我們實現夢想；高橋尚子則是在雪梨奧運拿到金牌後，一直希望再創高峰但始終不如人意，〇八年她終於宣告引退（想多了解她的故事可以去看村上春樹的雜文集），這兩位來當評審，運動迷如我光回想她們在運動場上的英姿，就讓人的眼淚已經快忍不住流出來。

這場紅白中有一段是由木村拓哉擔任引言人，介紹知名的電影配樂大師久石讓出場——是的，講究的節目光是介紹來賓出場，都要有特別的人講特別的一段話（說真的，台灣要非常認真地學這個部分）。木村拓哉提到，久石讓和大導演宮崎駿從一九八四年合作《風之谷》

至今，已經二十五年，他們兩個人的驚人創造力讓全世界的人對日本刮目相看，接著久石讓走到台中揮下指揮棒，現場演奏和背景投射的宮崎駿電影畫面一起展開，真是讓人感動得亂七八糟。

在這個世界上，最能了解體會欣賞日本這個社會的設計和創意的地方，應該就是台灣吧。台灣有好幾個全天播送的有線日本電視台，我們一向熱愛去日本旅行，以我們做雜誌這行來說，每次看日本雜誌都徹底被擊倒，他們怎麼會想到這麼棒的題材而且竟然可以執行出來呢？或者你看過「全能住宅王」這個節目，日本的室內設計師認真解決屋主需求的專業讓人無比佩服；不必是得冠軍的廚師，日本的料理者無論做菜捕魚似乎都用盡一生的力氣；「Music Station」中唱現場的歌手，主唱和所有樂手都很認真，他們一定是非常非常非常熱愛那份工作吧……

日本精彩的事物實在太多，我們這次只能先做入門。《Shopping Design》希望呈現的內容，不限於一般人認定的商品設計，而是在我們生活中讓人感動的有趣事物都算，請你把設計的定義放寬，跟著我們一起入門學習吧。

C1 .3

跟好朋友吃喝，多逛各地市場和商店

二〇〇九年八月初的某個星期天，《Shopping Design》所屬的巨思文化為了慶祝旗下的《數位時代》雜誌創刊十週年，在台北市北投某處舉辦晚宴，當天晚上我正好和《數位時代》創辦人、同時也是《Shopping Design》發行人的詹宏志先生同桌，那晚我們吃了哪些菜我已經不記得了，不過那天我們那桌（包括本刊的創意總指導詹偉雄、社長陳素蘭……）的聊天話題，卻是本期「Food Design」的發想開始。

那天我們到底聊了些什麼呢？雖說和詹宏志先生是老闆和員工的關

SD 2009 年 12 月號封面

係（至少在雜誌版權頁人是如此交代），其實我和詹先生見面的次數很少，一年不到一次，那天晚上我終於逮到機會，可以當面請教幾個閱讀他的文章產生的小疑問——就在我們碰面之前沒多久，詹先生在台灣壹週刊固定撰寫的專欄文章，七月份連續刊登三篇他在義大利旅行喝酒吃東西的散文，系列標題是「旅行與讀書之一、之二、之三」。我一提到這幾篇文章，詹先生興奮地跟我們分享他為了帶朋友到義大利吃好的喝好的，如何收集資料，怎麼研究各區美食和酒莊位置才規劃出滿意的行程……甚至，愈講愈暢快，詹先生分享過去幾年他和許多商業大亨吃飯喝酒，被請客或是他請人家吃飯的有趣故事。感謝詹宏志先生那晚的暢談激發了本刊這期製作食材特集的想法。

我們根本不想過帝X人生，只想多看一些真實誠懇的住宅

「家的設計」這個主題是《Shopping Design》創刊四年（二〇〇六年十一月到二〇一〇年十月）最受歡迎的題目，所謂「受歡迎」就是暢銷的意思，歷年各期的銷售排行前五名裡，「家的設計」就占了三個名額。

二〇〇七年四月這期，我們拜訪了好幾個有意思的住家空間，包括十坪、十八坪、三十坪、五十五坪和七十七坪的不同案例，其中最特別、也是日後我最常跟人提起的、是我們拜訪了實踐大學建築系安郁茜老師在台北市民生社區的家，安老師大方熱情地招待我們，從下午三點聊到晚上十點。當天我們光是攝影組出動了三人，採訪組也去了

SD 2010 年 10 月號封面

三個（最後寫稿的其實只有一個），美術總監也到現場，原本應該四點出現的詹偉雄大哥，毫不意外地在一個多小時之後才一臉無辜地出現。

當攝影要開始拍照之前，美術同事習慣性地拿起鉛筆在隨身必備的繪圖筆記本上開始畫分鏡，冰雪聰明的安老師故作鎮定面無表情的對我說：「你們不是雜誌拍照嗎？幹嘛搞得像是拍片那麼麻煩啊……」可能是我們的傻勁奏效，或者說安老師家的空間實在是太吸引人，也有可能是安老師和詹大哥的對談太精彩，二〇〇七年四月這期雜誌大賣，《Shopping Design》站穩了第一步。（特別要跟想買這本過期雜誌的朋友再次抱歉，本期早就賣完，不要再問我們還有沒有庫存啦……）

隔年夏天，〇八年六月我們推出第二次「家的設計」，事後回想，老天又幫了一次大忙，原本打死不想受訪的平面設計師王志弘，起初的藉口是他家要天氣好出大太陽拍起來才好看，後來下了一整星期的雨竟然停了，他只好在電話那頭說雨停了那你們就來吧。〇九年十月我們延續前兩年的主軸，但是加上了一個新的切點——造新&作舊，我們不只介紹有意思的私人住宅空間，還把台南西市場的謝宅好好地介紹一番，為了做這篇報導，我們一群人（比起安老師那場少了些，不過五六個跑不掉）從江水號的刨冰、阿美飯店的砂鍋鴨、金華路的牛肉火鍋……從前一天下午吃到隔天中午，我們「擺爛」到負責導覽謝宅的游智維很委婉地問我：「這次來是純玩樂，還是真的有要拍東西啊……」

根據我們這幾年和讀者打交道的經驗，讀者真的對空間主題非常感興趣，但是大家想看的不是房地產商人或高檔傢俱想要販賣的那種帝X人生之類的生活情調，而是和我們一樣真實生活在這個混亂城市的人們的住家模樣。如果我們發現了這樣的屋主，我們要求自己一定理解她／他們的生活形態，進入屋主的生活節奏，如果用那種公事公辦、直接約一或兩個小時統統拍完聊完的作法，拍出來的圖片和寫出來的文字都不會動人。希望你們喜歡二〇一〇年家的設計，感謝本期的受訪者，你們精彩的住宅作品讓我們所處的混亂城市不那麼糟糕，感謝你們。

我們想找一個編輯一起工作

我們想找的「編輯」，男女年齡資歷背景都不設限，當然你必須看過並且喜歡看我們的雜誌。如果一定要我們多說一些的話，我們會這麼形容想找的人：念建築系卻不想當建築師、想辦一本新建築雜誌的那種人；念工業設計卻覺得到3C公司上班很無聊、不如到設計雜誌混混可以多認識一些有趣的設計師；念文學哲學歷史……都好，對於用文字和圖像傳達商品形貌和報導敘事充滿期待的年輕人；當然，你若是愛看本刊過去四年多次提過的那些外國雜誌，保證你的聊天順位優先處理；若你不幸是大眾傳播背景，只要你清楚知道這個教育體系和產業環境距離徹底完蛋非常接近的話，那我們考慮和你見面聊聊……如果你想和我們一起工作，請寫信到 wagon@bnext.com.tw，二○一○年十月底前有效。

Shopping Design AD

下方小字：

如果你想和我們一起去安郁茜老師家採訪，
如果你想親眼看看這些設計工作室有多酷，
如果你想體驗下大雨去基隆工地拍林洲民建築師有多操，
如果你想去三星張宅現場聽黃聲遠和詹偉雄對談，
如果你希望成為無印良品的內行消費者和觀察員，
如果你對產品設計和消費市場充滿好奇，
如果你對老房子改造有許多想法和資訊管道，
如果你渴望在工作中被熱情的建築團隊啓發，
如果你想參加明年二月日本設計第三集的發想和執行，
如果你想和攝影師陳敏佳、美術總監黃昭文、黃威融總編輯一起工作（對了，偶爾還會有詹偉雄這一卡）……

C1 .3

對有趣事物的「無動於衷」，是內容貧乏的根本病灶。

普立茲獎得主SANNA・妹島和世・西澤立衛・John Pawson・Ludwig Mies van der Rohe + Philip Johnson・安藤忠雄・北歐老牌Artek・德國e15・Alessi・Le Corbusier Collection by Cassina・吉岡德仁・Dieter Rams回顧展・Konstantin Grcic・Patricia Urquiola・瀨戶內國際藝術季……以上這些是《Shopping Design》本期「二〇一〇建築設計年度報告」的內容。

《Shopping Design》想做「年度報告」這東西，從二〇〇六年十一月創刊想到現在，總共想了四十八個月，現在終於做出來了，這件事

SD 2010 年 12 月號封面

的背後有兩個重大的意義：第一是雜誌內容有了準確的定位，第二則是工作伙伴的到位。

本期的封面故事「二〇一〇建築設計年度報告」，就是在這個背景架構下開始運作的，至於雜誌後半本的「Dialogue on Live Business」和三位搖滾樂文字工作者的文章，則是「Culture Business」概念下的報導。

這幾年我們常被某些「設計基本教義派」批評：設計雜誌不專注在報導設計，沒事把版面拿去刊登音樂電影的報導，根本是欺騙讀者，我必須認真地反駁，一個只知道追求新奇設計、對藝文冷感的社會，注定只有賺代工利潤的命。真正喜愛設計的人，怎麼可能對世界各地獨立樂團的發展、歐陸和非好萊塢電影的新片、有趣好看的前衛出版品無動於衷？是的，對許多有趣事物的「無動於衷」，就是許多本地設計刊物內容貧乏的根本病灶。一時動了氣，話扯遠了，回來接著寫，二〇一〇年起，我們每個月五日見。

從《旅行就是一種Shopping》說起

二〇一一年對台灣朋友最重要的意義，是從二〇一一年一月十一日起台灣旅客去歐洲旅行免申證。這件事有多重要，讓我們從十多年前華文出版市場某本暢銷書《旅行就是一種Shopping》說起。

《旅行就是一種Shopping》的作者，照他本人在作者介紹的描述，是一個文學院畢業、在台北的廣告公司待了幾年卻混不出名堂、在他二十八歲那年暑假把工作辭了去德法捷克三國旅行一個多月之後，不知哪裡冒出的勇氣就把旅行經歷寫成一本書。這本書有幾篇文章還算有趣：例如把茱莉蝶兒和伊山霍克主演的《愛在黎明破曉時》當作維也納的情侶觀光電影來看待；在布拉格買了一件以作家卡夫卡小說知名人物當圖案的T恤，就把整個購物經驗寫成一篇文章；更重要的是作者一再呼籲未滿二十八歲的年輕人一定要趕快去歐洲搭火車自助

SD 2011 年 11 月號封面

旅行，因為二十八歲以前可以享受學生票特價優惠。這位作者其實想的很單純，就是歐洲真是太好玩了，而且一定要年輕就去，就算一樣是去巴黎旅行，二十多歲去、三十多歲去和四十多歲去一定有不同的體驗（請先別管經濟能力的影響），因此一定一定一定要趕快趁年輕的時候去歐洲大玩特玩。

《旅行就是一種Shopping》在當年賣得相當不錯，這位作者後來在二〇〇〇年二月又出了另一本《旅行是一種生理需求》，寫的是他去義大利幾座城市包括米蘭、佛羅倫斯、羅馬……的購物筆記，其實賣得也不算太壞，不過後來這傢伙似乎知道自己其實才華有限、見識不夠，因緣際會就退出旅行寫作的江湖。這位作者不是別人，就是這幾年從事《Shopping Design》編輯工作的本人在下我。

經過這麼多年，個人私下當然又去了歐洲旅行好幾次，當我們知道今年起免申根簽證，年輕時期那股衝動旅行的瘋狂情緒忍不住又冒了出來，所以我們在二〇一一年的一月號特地製作了「歐洲設計店鋪——倫敦・柏林・巴黎」，邀請了幾位遠比當年那個什麼暢銷書作家、更犀利的旅行者，提供本刊讀者更有料的旅行報導……

C1 .3

「設計」在台灣變得重要的幾個轉折

如果你年過四十，那你應該還記得一九八〇年代末期準備考大學的時候，我們所生活的台灣地區可選擇的設計出路，簡直是少之又少——工科只有建築系勉強跟設計有關，文科應該就只有美術系可選，從小功課不好的國中畢業生直接去念美工吧（後來我認識的許多能力高強的美術總監都跟我說，他們從小都非常痛恨被人家叫美工，明明是做設計為何被當作『工人』來使喚呢……）。這種狀況沒什麼好說的，就是一場悲劇。但是一九九〇年代之後，台灣社會發生了幾件當時看來微不足道的小事，竟然讓設計變成台灣社會重要的事。

首先是設計科系的增加。一九九一年位在台北大直的「實踐家專」

SD 2011 年 5 月號封面

改制為「實踐設計管理學院」，同年室內設計學系成立，一九九二年工業產品設計學系成立，一九九七年視覺傳達設計學系成立，就在一九九七這一年，實踐升格為實踐大學，現在大家耳熟能詳的實踐設計學院就是這麼來的。位在桃園地區的中原大學，更早在一九九二年時成立了設計學院，當時包括了建築、室內設計和商業設計系。其他後來更多新增的設計科系沒辦法提了，實在是太多太多……

接著是產業對設計的需求。九〇年代末期台灣的 3C 代工產業從單純的 OEM 代工（Original Equipment Manufacture），轉向為 ODM 設計代工服務（Original Design Manufacture），對於設計人才的需求大增，二〇〇五年前後，可說是台灣 IT 品牌在世界各大設計獎最風光的歷史時刻。（特別說明，二〇〇五年四月《數位時代》當期的封面專題是『台灣產世界第一設計新貴』，大篇幅報導該年出國比賽拿金奪銀的本地工業設計師們。）

再來是設計內容相關媒體的增加。二〇〇四年下半，《ppaper》創刊，當時他們在企劃案裡是這麼跟 7-11 說的：「約有五萬人就讀設計相關科系，五萬人從事創意相關產業。」在《ppaper》之前，根本沒有人敢想像在便利商店可以販賣「設計雜誌」，《ppaper》第一年也創下驚人的銷售量（據說，有幾期銷售高達八萬本）。雜誌之外，本刊精神導師詹偉雄在二〇〇五年夏天出版的《美學的經濟——台灣社會變遷的60個微型觀察》，不但銷售長紅，而且讓作者成為台灣社會搶手的演講通告大卡。當然，二〇〇六年底創刊的《Shopping Design》也是這波設計熱潮的一份子啦。

本期封面故事是去歐洲學設計，透過親朋好友的推薦，我們深度採訪了六位在歐洲設計學校念書的學生，他們六個人的親身經歷遠比他們念的學校重要，通過他們的現身說法（文章採QA方式，讀者要看的是他們的意見，不是我們旁觀者的自以為是），呈現出他們在異國經歷的故事種種，每一篇都非常精彩，甚至感人到讓人看了想流眼淚。如果能夠年輕二十歲，真想跟他們學習，去歐洲認真過幾年日子。

從恰似你的溫柔到 The Joshua Tree

對一個設計雜誌來說，把蔡琴在一九八〇年錄製的校園民歌歌曲，和來自愛爾蘭的搖滾樂團U2在一九八七年發行的經典專輯放在一起絕對算是個奇怪的標題，不過若是你知道這兩首歷史名曲的時代意義，應該就能夠了解其中的用意吧。

每一個年代都有值得記憶的特殊之處，因此六〇年、七〇年、八〇年、九〇年……都是有意思的題目，此刻我們覺得是製作八〇年代（一九八〇至一九八九）的好時間，因為九〇年代距離太近，七〇年代又顯得遙遠，八〇年代這十年距離現在二十至三十年，當時剛冒出頭的人大多數都還在江湖上活動，那段時間發生的許多事的影響力都

SD 2011 年 8 月號封面

還清晰可見，於是我們決定動手來做。

八〇年代大眾文化最值得注意的科技產品，是一九七九年由SONY率先推出的隨身聽，我們特別找出了六台代表性的機種一一介紹；八〇年代是蘋果電腦剛剛打出名號的年代，不過當時的賈伯斯不是創意之神，而是難相處的規格偏執狂，他在當時做了許多蠢事，但是一點也不會影響我們現在對他的崇拜；八〇年代的建築很有看頭，讓我們一起看看這些大師 Norman Foster、Michael Graves、高松伸、Philip Johnson、安藤忠雄、I. M. Pei、Frank O、Gehry、Peter Zumthor、Glenn Murcutt 的跨時代作品；八〇年代有好多經典款汽車，法拉利、保時捷、賓士……等車廠都展現出驚人的設計能力。

除了上述的設計成就，八〇年代更是文化藝術電影文學的燦爛時期：我們找出十位在八〇年代初登板、現在還非常活躍的電影明星；訪問身邊的設計人、創意人、文化人分享他們在八〇年代聆聽的流行音樂；邀請知名音樂作家陳德政分析八〇年代的MTV台和校園電台對世界的影響；本刊更情商投入大量時間研究二戰後台灣出版歷史的李志銘，搶先在本刊發表他最新力作——八〇年代台灣值得注目十位書籍設計師；最後則由實踐大學顏忠賢老師、作家郭正佩小姐和圖文創作者恩佐用抒情創作的角度，跟讀者分享屬於他們自己的八〇年代。

前面交代了許多工作的理由，請容許我在本文的最後交代一些私人理由。我的八〇年代是從一九八〇年五月十二日九點半播出的台視連續劇〈秋水長天〉展開，這齣當年讓許多人對台灣自製連續劇刮目相看的重要戲劇作品，由已成名的蕭芳芳和剛出道的劉德凱主演，黃以功導播，夏美華編劇，主題曲由王芷蕾主唱，二〇一〇年四月在台視國際台重播（沒看到的戲迷上網挖寶去）。

要是扯到流行音樂，那保證沒完沒了。一九八四年十二月三十一日羅大佑在台北市南京東路中華體育館的告別演唱會，當年我太小沒去，後來我把那捲滾石唱片發行的現場專輯〈青春舞曲〉聽了千萬次；李宗盛在一九八六年個人創作專輯〈生命中的精靈〉，要是年輕人還沒聽過拜託趕快找來聽，一九八九年他負責製作陳淑樺的〈跟你說聽你說〉成為百萬暢銷專輯，是台灣流行音樂發展的重要標記。如果必須選一個最感人的畫面，我的首選是一九八六年十二月三十一日滾石歌手跨年晚會〈快樂天堂〉的現場大合唱（youtube看得到），當年的Lineup實在嚇人，按照唱序——張艾嘉＋王新蓮＋黃韻玲＋陳淑樺＋齊豫＋（周華健／文章）＋潘越雲＋紀宏仁＋鄭華娟＋李宗盛＋唐曉詩，這陣容簡直就是美國職棒每年七月明星賽的先發陣容，甚至誇張點講，這份名單已經逼近名人堂的等級。

其實還有很多事沒法交代，好比說八〇年代台灣精彩的國片〈小畢的故事〉、〈冬冬的假期〉、〈悲情城市〉、〈恐怖份子〉、〈青梅竹馬〉……一九八七年詹宏志等人發表的「另一種電影宣言」。要是談到我喜愛的台灣棒球，一九八三年的亞洲杯和一九八四年的洛杉機奧運，那是莊勝雄、郭泰源、趙士強……穿著中華台北球衣的八〇年代，我對那段青春歲月的記憶都投注在二〇〇四年夏天那本因為雅典奧運中華隊戰績不佳因此沒賣好的《國家的靈魂》那本書裡。未來若是還有機會，能夠不局限在設計的角度，從文化社會生活……等更多方向切入，一定能製作出更有趣的八〇年代專題。

2

設計雜誌教我的事

EDITOR'S TECHNIQUES

C2 .1

傳遞生活感的畫面才能打動人

IMAGE WITH LIFESTYLE

從二〇〇七年四月「家的設計」封面晃動的女生人影說起，多數人以為封面照片好看就夠，其實所謂的好看是個不精確的詞彙，其實我會說能傳遞訊息的影像比好看的影像更能打動人。這張照片拍攝的地點是安郁茜老師家的樓梯轉角，畫面中晃動的人影是當時的攝影助理女孩，這個人影的出現是必要的，加強了生活感。

話說從頭，二〇〇七年初我們聯繫上當時任教於實踐大學的安郁茜老師，去採訪拍攝她位在台北市民生東路五段巷中的翻修公寓。一般雜誌採訪的人力配置是一個記者搭配一個攝影，但是我們至少出動一個採編，總編也跟著去，攝影師通常會帶一到兩個助理揹器材和打

燈，要是這場拍攝會搞大的話，美術總監也會到。這樣的意思就是，安老師這場重要的採訪我們出動了七八個人。我還記得那天下午安老師打開門、看到我們浩浩蕩蕩的一群人、她跟我說的第一句話是：「這就是你們的爵士樂團？」安老師厲害的呢，爵士樂團這個比喻是我在當年二月出刊的編者的話所寫到的，她有看我們雜誌而且記在腦中。

當天的任務編組大概是這樣：我和採編負責和安老師聊天，美術到處晃來晃去然後用鉛筆畫Sketch，攝影勘景找角度拍空間照片，那天我們的設定是先拍安老師的生活空間，接著要拍她和詹大哥對談的畫面（當時我們並沒有意識我們在做一件後來深深影響這本設計雜誌的開模工作，人物對談後來能成為該雜誌的招牌欄目，很多基礎都是在那一場拍攝搞定）。

後來出現在雜誌對談那張跨頁照片，其實是攝影伙伴辛苦計算打燈位置，萬般辛苦拍出來的；變成雜誌封面的那張圖片，拍攝地點的選擇其實有個幕後花絮，因為安老師的家兩層樓打通，從樓下走到樓上之後就是封面出現的這個空間，畫面左邊是樓梯，畫面右邊是一個

小書房，從這個奇怪的視角可以看到兩個空間的變化，這個拍攝點其實是美術黃昭文提供給攝影師敏佳的。

我們在這個案子學到非常多，安老師本身是個非常靈活的聰明人，她使用空間的方式、她選擇器物搭配它們的方式、她和同事學生打成一片的社交生活，讓我們覺得光是單純介紹她的空間真是太可惜了，應該是透過這次空間的拜訪把她這個人獨有的生活風味傳達給讀者才對啊。為了達到這樣的效果，文字應該是有機的好幾個塊狀，而非冗長的一大篇，照片應該是她自在的溶入畫面才是。

採訪結束後攝影主動跟我說他覺得有幾個角度沒拍好，他希望能再跟安老師約時間補拍，有這樣積極認真的伙伴，真是莫大的福氣。這麼多年過去了，安老師住家照片當封面這期，它的暢銷表現是歷年最佳，如果你幸運擁有這本雜誌，恭喜身為讀者的你擁有一期堪稱傑作的雜誌專題製作。最後一定跟安老師說聲感謝，當年你隨口一句這是你們的爵士樂團，對剛接下總編輯職務的我有無比的鼓舞，感謝你。

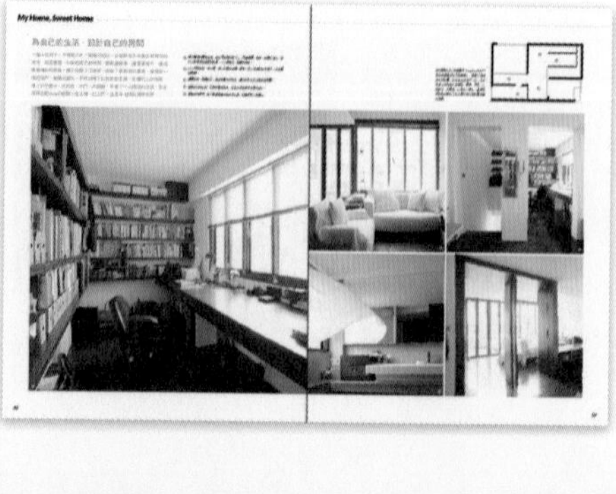

圖文整合思考

增加可讀性

THINKING ARTICLE WITH VISUAL

二〇〇七年四月「家的設計」的「Music in my Life」特企，可說是《Shopping Design》早期最成熟的圖文整合作品。它的文字佈陣，大小標題、抽言、內文規劃都是一開始就決定了，受訪者推薦專輯的資訊很豐富，搭配個人第一人稱的現身說法，洋溢個性化的主觀意見。

我常常跟雜誌同事說，所謂的圖文整合不是版面上有圖有文就是圖文整合，要理解這個概念只要去看隨便一期的《Brutus》，你不必懂日文，只要你對文字配置和圖片構成這些事物敏感的話，一定可以很快理解我的意思（媽的，這不就是我們的大學傳播科系完全不知道該教的東西嗎）。

MUSIC IN MY LIFE 版面

這個音樂特企的起頭是柯裕棻老師，當時還邀請了雜誌同行林三豐、還沒去 TED 的許毓仁 (Jason）、經理人月刊的同事齊立文和我的老友馬世芳共同參與這個題目。

回想這個特企，最感謝的是散文家柯裕棻老師當時在 PC Home 紙本雜誌的專欄文章寫到她搭捷運聽音樂的事，後來經過拍照聊天，整理文字如下：

從辦公室回到家的距離剛剛好是六首蕭邦夜曲的長度；從台北到新竹的距離是兩張王菲的專輯；從台北飛韓國首爾大約是把 iPod 裡的陳綺貞聽完……二〇〇四年秋天，我買了淺藍色的 iPod mini 當作自己的生日禮物，每當我工作到很晚趕最後一班捷運回家，iPod 的音樂將整個世界和我自己變成一支曲子，為回家的路途配樂。

柯老師的文字充滿畫面的想像，我立刻想到她戴著 iPod mini 搭捷運的畫面應該是主圖，照片上要壓能夠說明她心情的標題文字組，另一邊要有一塊不太長的文字當作主文，旁邊一小塊圖文 Box 介紹她聽音樂的工具（原本有在想廠商置入後來作罷），最重要的是議請柯老師分享她最近愛聽的音樂，最後設定是九張專輯，出現每張專輯的封面和一小段描述文字。我為什麼會這麼切割圖文？因為我喜愛的日文雜誌都是這麼做的，我已經看過不知多少這樣的版面構成，現在我是總編輯了，我終於可以照我想要的方式來做雜誌。

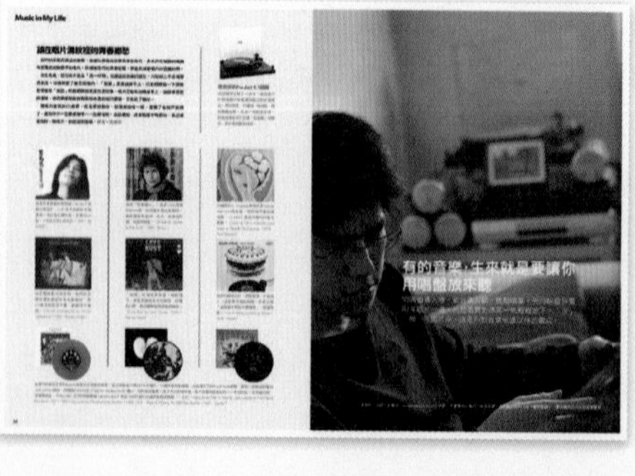

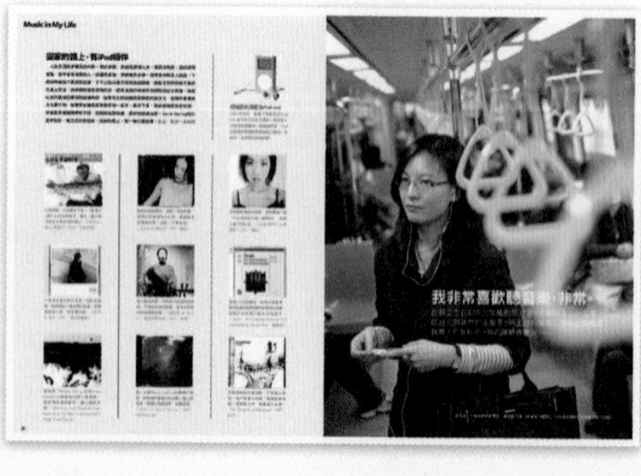

C2 .3

選擇有戲劇張力的對談場景

EMOTIONAL DIALOGUE LAYOUT

會想出對談這個工作方式，原始動機是希望詹大哥能參與內容製作，但是他太忙，就算他答應寫稿，不保證他會準時交稿，關於詹大哥拖稿這件事，每個在數位時代工作過的同事們（特別是後製）都很清楚。《Shopping Design》第一次策劃對談，是安郁茜老師和詹大哥那篇開的模，後來在二〇〇七年十月「空間設計」那期他跟林洲民建築師是模組化執行的開始。沒想到後來這個手法成為我們的招牌菜色。

林洲民和詹偉雄的對談，場景在林洲民建築師的事務所，攝影師在這個畫面裡刻意地讓燈光器材直接出現，這在國外雜誌的人物拍攝其

實常見，不過台灣的雜誌就比較少看到。整個環境幾乎就是原來的樣子，談創意現場和工作空間就是應該在這樣的環境才像話嘛。畫面中桌椅呈現的水平垂直線條，讓整個畫面雖然東西很多但不感凌亂。

二〇一一年一月的手機對談，詹偉雄跟資深設計師陳禧冠的對談畫面是在懷舊的台菜料理阿財的店拍攝，會想到那裡拍攝是因為阿財的店的二樓收集了一大堆老電話，該篇對談的內容是從行動電話談到智慧型手機，到一個有歷史懷舊感的地方也許會有奇特的效果。

對談這個手法除了運用在詹大哥身上，我們也用在其他訪談，早期我們有個很特殊的三人案例，就是二〇〇七年十二月設計咖啡館那期的余永寬＋馬世芳＋黃威融座談，拍攝地點是在現在已經消失的挪威森林咖啡館，攝影師陳敏佳用了奇特的人物構圖完成了這張照片，他利用吧台後面的鏡子反射了馬黃兩人的臉部正面，讓三位座談人的臉都出現在畫面中。這張照片被我們內部稱為深受八〇年代台灣新電影啟發的致敬之作。

雜誌內容 訴說品牌故事

TELLING BRAND STORY

曾經有一段不算短的時間，無印良品跟我們過從甚密，它是很重要的客戶，雜誌偶爾會刊登它們的廣告平面稿，更多的時候它們喜歡用內容行銷的方式來跟我們配合，二〇〇八年四月的「良品設計」，是我們最大規模也最成功的一次合作。

從內容結構來看，我們用了消費者導向，而非廠商導向的角度來鋪陳整個封面故事：第一部分是七個良品設計概念「良心・良質・良材・良程・優良・改良・善良」的廣告海報式版面（十四頁），第二部分是詹偉雄大哥和實踐大學官政能老師的對談（八頁），第三部分

是二十一個無印良品迷的真情告白，第四部分專訪台灣最熱愛無印良品第一人（八頁），第五部分是無印良品歷年獲得國際設計獎的大表格，第六部分是當時總經理王文欣的專訪。

第一部分的參考範本是一九五〇年代福斯汽車在北美為金龜車製作的一系列廣告，我覺得版面上應該要比照金龜車的平面廣告，一半以上是產品，下方的四分之一放文字。確定這個方向之後，攝影師跟客戶調產品進棚拍出有無印感的產品照片，美術根據我建議的圖文配置去發展，由我所負責的文字則要把無印的產品分類並撰寫適切的文字。

第二部分的對談，安排在攝影棚內，一方面是產品調度作業方便，一方面是在不是商場的環境拍攝，比較有研究室的學術氣氛。我們偏好的照片都是詹大哥和官老師都不看鏡頭的，因為他們應該忙著研究商品而不是跟讀者打招呼。對談內容相當硬，有點難讀，但是滿有料的，當初的設定就是要有一篇讓人看不太懂的文章，讓讀者覺得「原來有人這麼理解無印良品啊」。我覺得這篇開門頁美術選擇的色塊真是太優雅了，幫整個版面大大加分。

第三部分是二十一個無印迷的塊狀報導，第四部分是一個超級無印迷毛先生的專訪，去過他家才知道我們跟無印不過是小情小愛，他不但所有東西能用無印的都用無印，他對每個產品認識程度之深，讓我們學習好多。第五部分是表格，在《數位時代》後製階段文美編都被狠狠的折磨過，做圖文混雜的表格沒問題的啦。

最後一部分是總經理專訪。如同前面提到的，我們希望是消費者導向而非廠商導向，所以任何大官的訪問能往後放就往後放。這樣還不夠，我們希望總經理出現的畫面不是她穿著正式服裝在辦公室或賣場的權威模樣，而是她家常生活像個消費者的樣子。我們策劃了某個週間中午，把總經理從台北東區辦公室「綁架」到深坑的日本老屋民宿（走二高其實交通時間很省），只用了總經理中午兩個小時就搞定。

多年之後回想，能做出這麼豐富的內容，比好多好多廣編稿有氣質和內涵，那些年這個客戶和雜誌團隊的組合真是難能可貴。

製作過程

決定作品呈現的水平

PROCESS MATTERS

二〇〇八年八月十日《Shopping Design》製作「單車設計」這個主題，當時我們對於台灣許多媒體報導單車的「炒菜方式」很有意見，例如拍攝單車時總是和一堆雜亂的東西混在一起（可能是雜亂的樹叢或俗艷的戶外看板），再有設計感的東西也變得很 low；報導的切入點似乎根本沒有和受訪對象共通的單車經驗（就好比叫社會新聞主播去轉播棒球般的尷尬吧），難以把騎車愛車人的心得喜悅傳達給大眾。

我們的炒菜方式是什麼？其實就是尊重食材的特色，並且想方設法去取得最新鮮最有意思的食材，以單車拍攝來說，怎麼可以就直接在人家的店裡不打燈不做背景處理就隨便按下快門，這是大火快炒的做法，我們不幹。我們把單車運送到攝影棚，接著安排受訪對象（單車店店長）到現場，邊拍邊聊。這麼費事的工作方式，是為了讓讀者用觀看藝術品的方式欣賞單車的設計工藝，在版面上看到高畫質的單車去背大圖。

隔年四月我們又做了一次「單車」主題，其中有一塊內容是拍攝英國知名摺疊車 Brompton 在台北華山藝文特區辦的車友活動，我們在現場一角佈置了白背景紙，邀請 Brompton 車主入鏡，幫那場活動做了有趣的紀錄。

橋段串接
呈現詩意的敘事趣味

POETIC EDITING

二○○八年十月推出的「工作空間」，原本的用意是報導「建築師．設計師．創意人的工作空間」，不過根據長期與我工作的攝影師陳敏佳的形容，我是個喜歡偷渡理想內容的編輯，也就是說這期看起來是介紹五個辦公室（這是要滿足市場需要的必要功課），但是真正想要表現的是最後一個工作空間（田中央事務所放在五個的最後）和延伸出來的宜蘭建築圖文敘事。

我在那期雜誌寫了這些句子，跟讀者介紹這群在宜蘭搞建築創作的傢伙：

這間建築事務所的氣氛很特別，很像六〇年代位於巴黎芝加哥柏克萊或者中南美洲的某種革命組織，不過當你回過神聽到角落揚聲器傳來的蕭煌奇歌聲，是的，這是二〇〇八年夏天的宜蘭，從台北市出發走環東大道、接二高南下往石碇、穿過雪山隧道下宜蘭、一個小時以內就會抵達的宜蘭地景建築革命行動總部。

與其說我們是在採訪找雜誌素材，應該說我們一直在找志同道合的朋友，製作田中央專題內容時，我在意的是如何讓讀者感受到他們在宜蘭創作建築和地景規劃的真摯情感，我非常擔心會跑掉，會做成台北媒體那種自已以為是的粗暴抒情。能夠做出這系列東西，最重要得歸功田中央這群人囉唆雞婆的本性：他們不辭勞苦地帶領各個參訪團走訪觀看很多很多作品，遇到我們這種難搞的採訪單位，還要求他們在看不同作品之間的移動過程一定得帶我們吃小吃，招待我們共同享用親切家常的員工合菜午餐。採訪之外，還被我們要求公開那些他們不願意跟外人分享的私密場所，例如：夏天午後沖涼的無名泳池，我們還住了好幾次三星張宅，跟建築師聊整晚他的創作生涯……後來這些統統變成那期雜誌的素材。

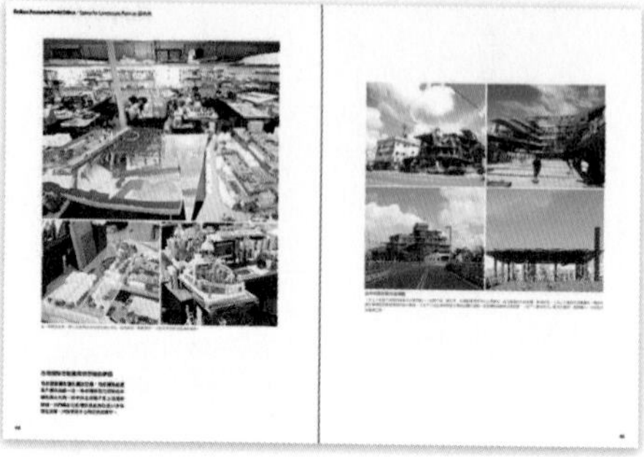

一開場的大圖就凸顯這間事務所的特色。
小圖包括空間細部和建築作品。

.6

92

陳敏佳攝影團隊認真的前期勘景和
複雜現場調度成就了這張代表作。

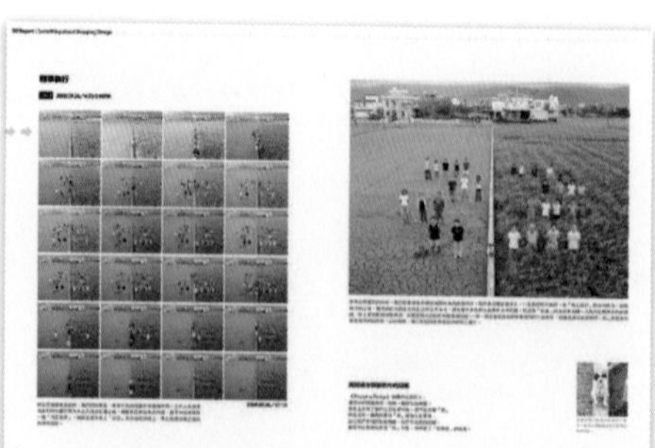

封面拍攝的靈感來自日本Mr.Children（小孩先生樂團）《Home》那張專輯的封面，我一直有買他們的專輯，我跟攝影師說參考看看他們安排很多人的處理方式，然後敏佳和他的攝影團隊就認真的做了好多好多功課：勘景、試拍、光線角度、人物位置、土地硬軟……等等。事務所伙伴的人物排列，第一排左邊是黃老師和行政總管，右邊是資深設計師，第二排是沒那麼資深的設計師，第三和四排是新進設計師和工讀生。

最後在雜誌上的呈現，八頁事務所空間報導之後，安排詹偉雄大哥和黃聲遠建築師的合照連走四跨，分別是：相聚田中央＋宜蘭式幸福＋羅東新地標＋大宜蘭計畫，再接八頁三星張宅對談。我覺得這三橋段構成了很有詩意的觀看趣味，如果沒有中間那四張跨頁照片連接，前頭的空間報導和後面的對談即使各自都很精彩，但少了一個整體敘事的變奏流暢感。要有這樣材料才能編輯出這樣餘味盎然的內容，感謝田中央，感謝參與這次製作的大家。

三星張宅對談的對談照片，
可說是攝影團隊超級認真用
拍廣告手法拍出來的。

特別收錄原始文字如下

相聚田中央

我們這群人的熱情，都浪費在宜蘭這個蓋不了高樓的地方……

二〇〇八年九月二十六日下午五點，田中央設計群全體工作者在事務所正後方的田間留下這張大合照。這極有可能是他們在此地的最後一張集體照片，因為租約和房租的關係，他們已經在找新的工作地點，還是在宜蘭，還是找跟田距離很近的點。

宜蘭式幸福

對付炎熱的夏天光吹冷氣不是辦法，跳進路邊冰涼的湧泉最讚……

《Shopping Design》工作團隊從礁溪員山前往田中央事務所的途中，巧遇利用中餐時間一個人跑來游泳的黃聲遠建築師（我們原本是約下午碰面），同行的詹偉雄先生興高采烈地換泳褲下水（圖左皮膚較白這位中年人），親身體驗宜蘭工作者讓都市人無比羨慕的幸福。

羅東新地標

公共建設能夠感動比較多人，就算被罵得很慘我們還是繼續做……
圖片後方的十八公尺正方體超大尺度的棚架是羅東文化二館的初步工程（位在羅東綜合運動場旁邊，羅東鎮農會對面），右邊的鐵鑄柱子是兼具造景和照明的燈柱，黃聲遠建築師打算蓋一個包括空中藝廊在內的多功能藝文商業空間，棚架搭好已經好幾年了，因某些公家機關常有的作業因素導致無法繼續興建。

大宜蘭計畫

因為田中央這群不在乎付出和所得不成比例的建築狂熱份子，宜蘭擁有許多細膩的詩意空間……
這是橫跨宜蘭河的慶和橋，它的側面特別規劃了自行車道，車道周邊的裝置都是田中央設計師花了許多時間和心力經營出來的，橋下還有盪鞦韆，每天傍晚當地的居民非常喜歡來這裡散步運動聊天。

黃聲遠 × 詹偉雄

建築創作・伙伴熱情・大宜蘭計畫
Dialogue on Creativity & Workhood

在黃聲遠建築師和田中央熱情同事的帶領下，詹偉雄和《Shopping Design》製作團隊親自拜訪了宜蘭境內許多田中央的精彩作品，這些作品真的值得到現場一看再看，如果你之前來宜蘭只去礁溪泡溫泉和參加童玩節，真的要直接吐你，你錯過宜蘭最精彩的創作。

在二〇〇八年九月某個夏天夜晚，我們來到位於宜蘭三星鄉黃聲遠建築師早年蓋的民宅，由詹偉雄先生和黃聲遠建築師展開一場隨性的對談，請黃建築師聊聊他在宜蘭展開建築師生涯的奇特經歷……

製作團隊到現場

FIELD DECISION

二〇〇九年十月「空間設計——作舊和造新」台南謝宅的報導，我們用了七跨報導這個被不同部落客寫了許多遍的個案。由於預算限制，台北的媒體同行到外縣市採訪都是一個記者搭配一個攝影當天來回，更精算的方式可能就直接發給當地的外稿作者執行。當年我們在《Shopping Design》的做法不太一樣，我們常常是一群人到現場，光看表面的話，可能會誤認我們是一群愛玩、對預算沒有概念的工作者，其實我們能夠這麼做有幾個前提：首先我們事前已經設定了重點報導目標，做八頁十頁的東西當然要重量級製作；再者是行程的銜接，每次南下不會只做一個報導，把幾個案子串連起來，絕對比單

七個跨頁解說

第一跨＋一開頭用色票的方式呈現作舊元素，現場我請攝影拍排版會用的材質照片。

第二跨＋謝宅難找，運用鏡頭帶讀者從西市場外面進入，主人在門口歡迎大家來玩。

第三跨＋交代住宅故事的主文在此出現，右邊的照片還不是主要空間，繼續吊胃口。

第四跨＋謝宅三樓餐廳和廚房是多數人會用的主圖，刻意放在第四跨才出現。

個拜訪南北來回的費用省；還有我們在移動時或採訪前後都在討論聊天，因為《Shopping Design》在前幾年的固定編制其實只有我這個總編輯和一個編輯，只有出門採訪時才能把美術攝影（偶爾還會加上業務和行銷）湊在一起，我們有太多的創意和點子是在南北來回的汽車裡聊出來的，還有採訪時的吃喝扯屁。

二〇〇九年上半我們前往台南謝宅——位在台南市西市場的謝宅經由屋主小五和游智維的共同策劃和努力，加上三個剛從成大建築系畢業的學生，和兩個成大創產所還在讀的研究生，一起改造了這間四十多年的老房子。我們從幾個朋友的部落格得知這件事，決定親自住一晚，我們一去就是五個人，這還不算隔天早上從台北開車趕到現場的美術總監。

我們抵達謝宅附近是下午四點多，第一次去謝宅的人是不可能自己找到地點的，於是我們把汽車停在西門路上靠近正興街口那排銀樓旁的路邊停車格，直接走去西市場裡知名的江水號吃八寶冰，一群人坐著吃冰時，謝宅主人謝小五和游智維找到了我們，帶我們從西市場內部開始逛起（接下來他們講述的府城歷史有去過謝宅的人一定都聽過

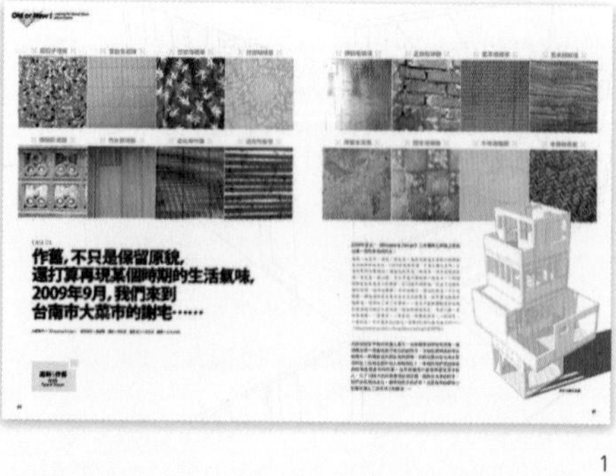

1

2

我就不重複了）。

難得一群人到台南，我建議大家去吃桌菜而不是小吃，小五直接把我們帶去民權路上的阿美飯店吃砂鍋鴨，小五說許多台南人過年都會來跟他們買一鍋回家，吃完之後可以把鍋子拿來退，店家會退錢給你。當晚除了吃了極讚的鴨肉，還點了好幾道很台很細緻的美食，不過我現在已經忘了確定的菜名。

吃完晚飯回到謝宅，已經相當晚了，走到一樓準備爬陡峭的樓梯，我和攝影師忽然覺得可以拍了，如果安排他們兩位站在樓梯旁邊歡迎客人來謝宅玩，應該是不錯的畫面，這張照片成為我們這趟謝宅拍攝的開工照。上樓聊天時有人放了江蕙的音樂，我覺得氣氛對了，請攝影師趕快開始按快門，我在那篇報導的後記是這麼寫的：

在接近午夜的露天院子拍照時，小五和智維順手放了張江蕙二〇〇五年推出的〈愛做夢的魚〉專輯，他們隨口說在謝宅聽江蕙的歌最對味。對於這個看法，我們實在不能同意更多了，在我看來江蕙近十年推陳出新大獲好評的台語新歌專輯，恰恰和翻新作舊後的謝宅

4

3

有著高度的類似，語彙和腔調還是從前的味道（微調得更細緻），但是加進更多現代生活的元素（不能全盤仿古），這才是與時俱進的台灣設計力量。

隔天早上起來，吃完早餐我們準備正式開工拍照，前一天沒辦法一起南下的美術清早就從台北殺下來會合，我把昨晚發生的種種和聽到的事交代了一下，連同攝影三個人討論了起來。差不多就在這時候，智維從家裡趕過來，他擔心我們有需要協助的事，美術同事正認真的描繪謝宅不同樓層的平面圖，我跟攝影師說，先讓美術好好畫吧，冰箱裡那瓶昨晚來不及開的白酒先拿出來喝吧。

幾個月後我跟智維比較熟了以後，他跟我坦白，那個早上我沒有叫攝影去拍照竟然先喝白酒，當時他嚇了一大跳，因為從昨天晚上混到隔天快中午，這群人雖然有拍幾張照片，也似乎有在採訪聊天，但是他從來沒遇到這種路線的媒體工作方式。特地南下的美術總監畫好平面圖，我盤算了一下時間，已經接近中午，我決定請智維先帶大家出去好好吃頓中飯，然後回來用三個小時的時間把該拍的影像解決，根據我的經驗，把事情想清楚一次做到最省力，如果先吃頓好料的，工

6

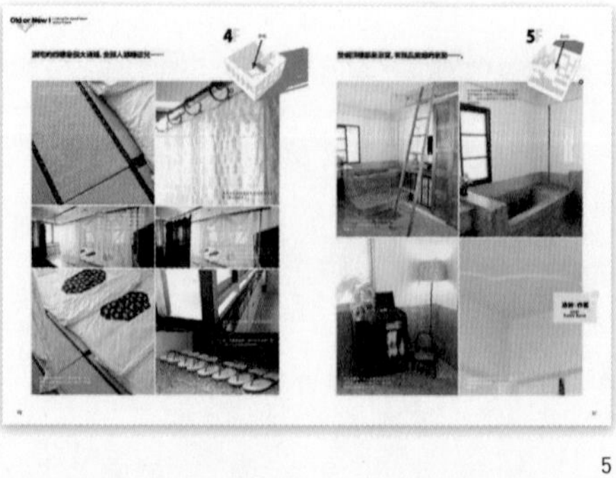

5

作團隊會更有拚勁。

午飯後，我們花了三個小時拍出後來做成十四頁的謝宅報導（這期的零售直追安郁茜老師家當封面那期，是歷年的前三名）。傍晚五點多小五來關心進度，我們這群愛吃愛喝的編輯團隊凹他帶我們去吃牛肉火鍋，他熟門熟路帶我們去金華路某家我們這種外地俗卡自己路過絕對不會進去的小店，吃了這輩子前三名好吃的牛肉和店家手製各式魚餃，吃完之後立刻開車北上，結束兩天一夜的台南採訪。總結這趟旅行，我們吃喝了一整夜，到了隔天中午才開始正式工作，在兩位受訪者的引導下徹底浸在那個氛圍，團隊的集體力量充分展現，真是太有意思了。

第五跨＋民宿內部的空間細節和住房設備逐項採訪拍攝，有圖有文容易閱讀。

第六跨＋邀請讀者紙上遊覽，這個版面類似所謂的相簿，在現場就要想好要寫要拍的。

第七跨＋最先拍的照片結果放在報導的最後，這張照片的情調和感性定調了整篇報導。

費心安排通告

創造原本不可能的內容

SCHEDULE ARRANGEMENT

二〇〇八年五月的 Beat 100 中有張照片是安排通告的代表作，當時林洲民建築師正在進行的海洋科技博物館（位在基隆八斗子）前期的規劃工作，這個案子非常特別，它的原址是個火力發電廠，是日本佔領台灣期間一九三七年建造，一九三九年落成，是當時東南亞最新、發電量最大的火力發電所。二戰後，一九五三年擴建廠房，一九五五年完成擴建。經過多年的運轉工作，一九八三年停機，原本要原地更新重建，最後決定廢廠。一九九三年交給海洋科技博物館建館使用。

當時的我每次看日本的《Casa Brutus》，最讓我羨慕的是他們有本

事拍到建築師在工地的照片（安藤忠雄這類照片尤其多，我推測他一定是個很配合通告的建築師），因此我很希望能夠做出類似效果的作品。我年輕時就跟林洲民建築師見過面，就是陳水扁擔任台北市長期間的台北電影節活動，建築師負責影展空間規劃，我是影展手冊的撰稿者。二〇〇四年我到《數位時代》工作之後，某次到外縣市採訪設計評審會議，林建築師主動認出我，讓我大吃一驚（人家長輩沒有必要記住我們這種小卡的）。

後來我才知道，林建築師和詹大哥是多年的老友，也許是這樣，林建築師似乎非常能夠理解我們這種編輯人想玩什麼創意把戲，我們在二〇〇七年十月的空間設計策劃了他們兩位的對談，我順便詢問建築師接下來的工作，得知他在基隆有這樣的案子要做，便麻煩他如果不麻煩的話，讓我拍攝他去工地的照片。

囉哩囉唆地交代我跟林建築師從上個世紀末的緣分，其實是要跟很多從事採訪工作的伙伴說，編輯策劃這項工作不是一個人在電腦裡能夠完成的，精彩的故事和厲害的人物都在外頭，一定要多多在不同的地方闖蕩。二〇〇八年春天某天林建築師忽然打電話給我，他說過幾

天的早上九點他要去八斗子開會，如果早點出發就有時間「拍你想拍的那種照片」。

於是當天我們七點在建築師台北市中心的家樓下集合，我開車載攝影師和助理跟車（很多工地是有住址也找不到的，一定要好好跟車），到了現場發現能夠拍攝的時間不到半小時，攝影師和助理迅速地選景把二十公斤的電源供應器和發射器從車上穿過泥濘的廢墟地面，同時跟若干流浪狗與無法趕走的跳蚤奮戰，順利的在這個充滿奇妙工業感的超現實空間拍了這張照片。林建築師非常喜歡這張照片，後來他參展或接受媒體報導，都使用這張照片。這張照片能夠完成，我覺得是被拍主角和拍攝者的共同努力，身為編輯的我也達到我想要做出日本雜誌建築報導的期許，算是三贏。

二〇〇九年十二月「食物設計」是另個案例，那時莊祖宜的《廚房裡的人類學家》挺受歡迎的，除了讀她的書之外，我還認真讀了她在部落格裡和網友互動的留言，我覺得她有許多有趣的看法並沒有寫在書裡，因此我先跟她要了兩篇她寫在部落格的菜市場文章（西雅圖和灣仔），並且希望能夠採訪她。當時祖宜旅居香港，趁她回台的其中

一天，早上十點先在微風超市拍照和採訪訪問，十二點離開前往濟南路四知堂餐廳用餐（攝影趁這段時間在微風拍物件去背照），一點半開始和四知堂老闆陳超文對談，兩點四十祖宜搭計程車趕到東區進行下個專訪，順利完成了這次通告。

企劃力＋勘景力＋通告力＋執行力＋編輯力

STRUCTURE PLANNING

雜誌的結構就是順序的安排，情緒的決定，故事的說法，情節的鋪陳。就好像一場演唱會開始的第一首歌和安可曲，或者我這一代人習慣聽整張音樂專輯的曲序和佈陣。以二〇一〇年二月「日本設計續集」為例，我們策劃了十堂課，特色有三：第一，每堂必須有兩個「老師」在適當的場所被拍照和對談；第二，每堂課的子結構不能重複，要有不同的 Box，例如東京設計週是吳東龍的自拍自寫，音樂祭是 Summer Sonic 主辦人清水先生的專訪；第三，十堂課的前後排序要有邏輯，就像是美國職棒世界大賽的先發投手場次順序和中繼後援的規劃。

二〇一〇年二月《Shopping Design》特別從所謂賣得好的題目裡，

選出具代表性的一期來製作續集——日本設計，它雖然身在銷售前段班，但其實它離「賣很好」還有一段差距，但是身邊好多朋友看過之後非常認真地跟我們說，這題目你們一定要繼續再做喔……

其實哪需要等到讀者告訴我，我們自己做完那一期、就刻意在倒數第二篇阿潼跟本刊總編輯對談日劇的結尾，放了這麼一段話當作伏筆：「如果我們這期賣得不錯，讀者喜歡我們這篇對談，我們下半年做日本設計入門第二集時再找你好好聊。」

這一次的專題我們用了一個比較激進的做法，以「十堂課」作為主架構，每一堂課找該領域的「名師」來對談，這種做法的優點是陣容龐大具有號召效果，但是企劃力、勘景力、通告力、執行力、編輯力缺一不可，更麻煩的是十堂課每場都得找到「對味的場所」來執行拍照和對談；缺點是工作團隊的技術和默契得經歷前所未有的大考驗。從製作的結果來看，與其說我們通過了這次的艱難挑戰，不如說攝影團隊、美術設計、外稿寫手和編輯們，大家都「玩」得很開心，有玩到，作品才有可能成為代表作，若只知道跟著銷售數字跑（意思是，要跟但不是悶著頭什麼都不想的盲目的跟），聰明的讀者們會先離你

而去。

特別要感謝這次一起參與日本設計續集的新朋友和老朋友：○九年在日本設計入門撰寫大量文章的吳東龍，這次還是我們不動的第一先發，本刊特地邀請在時尚雜誌跑設計路線的資深編輯陳元慈小姐，和東龍對談設計週的種種（同時要跟提供場地拍照的蘑菇好友們致意）；過去十年的夏天，許多台灣的音樂愛好者固定去 Fuji Rock Festival 和 Summer Sonic 和全世界的歌手樂團相聚，本刊找來台灣唯二（另一個是閃靈）在 Fuji Rock Festival 演出的超人氣獨立樂團 Tizzy Bac 主唱陳惠婷，請她從樂手和樂迷的角度分享所見所聞，和她對談的則是本刊老友、知名美術設計游筆文，他每年八月第一個週末都閃到東京玩樂（執行本次對談是在內湖太鼓判關東煮，事前借場地才發現老闆娘也是本雜誌的忠實讀者，這真是我們的榮幸）。

知名主廚 Michael 和飲食作家葉怡蘭去日本的目的跟我們不太一樣，他們不但認真吃東西還考察當地的餐廳，對談地點安排在 Michael 所開的 Hanabi 居酒屋，氣氛迷人；產品設計是本刊的基本盤，我們請到 MOT Casa 的高鄭欽與和碩聯合資深設計師 David 分享對日本資訊

產品和家電設計的觀察，他們不是跟你講如何去秋葉原採購，而是從設計的角度分析日本品牌的獨特優點；上次我們漏掉了日本品牌汽車，真是該打屁股，本期力邀華創車電資深設計組長馬超南和專欄作家James對談，是一般汽車類傳媒難得看到的高水平對話，強力推薦。

攝影導論和雜誌編輯這兩門課是我們工作團隊自己最想上的，攝影部分由林宜賢、陳敏佳和老查負責，雜誌課程則邀請友刊《2535》的創辦人馮宇和本刊總編輯分享他們愛看的日本雜誌。最後三堂課，算是本次專題的「文藝副刊」，用棒球術語來比喻可能更貼切，前兩堂是一左一右的「救援投手」，最後一堂是「王牌終結者」。一九七六樂團主唱阿凱和前科技財經雜誌工作者李欣岳，在位於公館的「海邊的卡夫卡」咖啡，暢談村上春樹對他們人生的影響；今年二月人在柏林參加影展的侯季然導演，出國比賽之前被我們約到師大旁邊浦城街的ZABU食堂、跟奇妙時光電影公司的負責人楊士賢，向讀者推薦了過去十年值得一看的日本電影和演員；最後一堂課，也就是本次專題的最後一棒，交給對談日劇的老班底——日劇作家阿潼和日劇迷黃威融，他們在台北市溫州街口Bastile咖啡地下一樓舞台效果奇佳的空間，為本次日本設計續集劃下暫時的句點。

用不同的方式
做自己想看的內容

THINKING DIFFERENT

二〇一〇年八月，因應 Uniqlo 即將在台北市信義區阪急百貨開一家佔地四百四十坪的旗艦店，我們打算做個報導。身為本地的設計雜誌編輯和創意人，對於台灣社會「關注 Uniqlo 的方式」很有意見：總是把 Uniqlo 和 Zara 以及 H&M 擺在一起討論它們如何創造最大營收，說真的，Uniqlo 的確在經營管理方面很強，但是它不只是這樣，它的高層對於廣告製作和創意行銷具有世界的眼光，懂得找日本一等一的創意人和設計師組成夢幻團隊，前進紐約開旗艦店（這和二〇〇六和二〇〇九兩次世界經典棒球賽，日本從美國大聯盟和日本職棒召集最

優秀的球員和教練的邏輯完全一樣，這兩次世界經典棒球賽日本都拿下冠軍）。Uniqlo 更值得我們學習的，是它結合一大群厲害的創意人和設計師，將一個平價成衣品牌打造成世界等級的暢銷貨，這不正是要從製造業思維邁向設計文創產業的台灣社會需要學的 know-how 和視野嗎？

當時我們沒受到邀請去日本實地採訪（後來跟媒體同業打聽非常慶幸沒去浪費時間），但我們找到日本老牌設計雜誌《idea》（アイデア）雜誌在二〇〇八年四月一日發行的專書，以它的資料作基礎再加上我們自己的策劃構成整個報導。我們先從身邊找了一堆 Uniqlo T 恤的愛好者，現身說法自己為何愛穿它；接著整理參與 Uniqlo 廣告創意行銷精英的發言，做出了這期的報導。這是我們自己最關心的兩個角度，而且用我們喜歡的表現方式來呈現，這樣很好。

編輯＋美術＋攝影・誠品講堂開講・現場珍稀版

＋編按＋

本篇文字整理自二〇一一年七月七日週四晚，《Shopping Design》的美術總監黃昭文、攝影師陳敏佳和總編輯黃威融在誠品講堂的座談，該系列座談是黃威融所策劃的「生活風格・編輯技藝・雜誌上癮——雜誌俱樂部，招生中」的第二堂課。

所謂三角戰術，是指編輯、美術和攝影如何做自己份內的事，並適時的建議其他兩個角色可以怎麼做事。「三角戰術」這個詞是我從九〇年代菲爾傑克遜擔任芝加哥公牛隊時帶領包括喬丹、皮朋等球員所用的戰術名稱沿用過來的，在我看來不同的案子我們三個輪流扮演喬丹的角色。

主持人威融

先跟上課的同學們澄清，主講者的桌上擺了紅酒和酒杯，但今晚不是品酒會喔，今晚是我在誠品講堂雜誌課的第二堂，我邀請了攝影師陳敏佳和美術總監黃昭文一起擔任講者。

Campus Touring → The Wall Live → Stadium Concert

敏佳這幾年固定在視丘攝學院上課，每一期大約有十幾個三十幾個學生。這些學生其實不是我們一般認定的那種學生，很多都是社會人士。敏佳會刻意在每一期課程的某一堂，都安排我們三個人座談，通常是在他的攝影棚，為了配合大家的時間通常都是約在晚上。只要是晚上開會，通常就會搭配酒精飲料，我是最愛喝啦，敏佳喝比較少，昭文是根本不喝。愛喝跟會不會喝是兩件事情，希望你們知道我的意思。

開一個玩笑，我們之前在視丘上課算校園巡演，今天這裡感覺很像 The Wall，以後看看有沒有機會去小巨蛋。今晚我們要跟大家分享《Shopping Design》這本雜誌的工作經驗，因為我們有一個獨特的工

威融和昭文受敏佳之邀在早期四樓攝影棚的編輯講座，右邊的女生是參與第四期旅行專題拍攝的設計師張宥喬小姐。

作方式，所以造就了不一樣的產品特色。今天因為我是主持人，所以我就坐在旁邊喝我自己的飲料，我在喝的時候，你們就不要看我，就去看PPT的雜誌版面。

挑戰傳統流程　用天真傻氣的方式做雜誌

美術昭文

大家好，我是《Shopping Design》負責美術的昭文，我有一點點緊張啦，會抖的地方請大家多包涵。《三個傻瓜》這部電影大家看過嗎？昨天晚上我忽然夢到這一部電影。我覺得很能夠代表今天這個主題。就是說SD的工作團隊，其實不只有我們三位啦，還有很多重要的伙伴，SD整個工作的精神，盡量去挑戰原來傳統的雜誌工作方法，用比較天真、帶有一點傻氣、衝勁的方式，去完成每一期的題目。所以我覺得這部電影，太適合介紹給大家。

二〇〇七年某一期截完稿，我們各自開著個人的車，然後跑了台灣一圈，用最短的時間。（威融補充，這是某種溜狗，溜狗當然是每個主人自己溜自己的狗）基本上我們常做這種傻事。我兩個月前才又一

個人十五個小時環島一圈，當然是開車啦。當時我們這三個人的樣子跟現在，不知道有沒有太多的差別啦。其實這張照片反映著我們三個在工作和生活上的態度，不喜歡受到太多的限制。

我從第二期美味設計開始講。畫面中這位模特兒出現在這一期的許多地方，當我們找到Model，找到適合的場景，但是到了現場，Model就位不見得就能按快門，我要強調雜誌的美術到底要幹嘛？美術要去想像最後印刷出來在版面上的長相。所以從色調的設定，桌上要擺的幾碟菜，老闆娘站的位置、做的動作，不會因為裁切裝訂的關係被夾在中間……這些細節都是美術要幫忙處理的。

主持人威融

那時候昭文很煞這位女模，所以他特別挑這個案例。我想最重要是要提醒大家，雜誌美術和版面設計都需要真感情投入的。

美術昭文

感謝威融補充。那一年那個時間，正在播出日劇《不結婚的男人》，如果各位有看的話，男主角是阿部寬。他去燒肉店一個人吃各種美味

的料理。我們幾個人都很愛看日劇，特別是威融，所以這個題目就以那部戲的橋段為基礎開始發展。

SD這本雜誌的美術 拚命往前做事

主持人威融

補充一下，多數雜誌在拍這照片時，攝影師可能問採訪編輯說，桌上要擺什麼？美術剛剛講的就是這個。最後付印的這個畫面是喬很久的結果。我的意思是說，攝影師他們最討厭的是什麼，就是打扮漂漂亮亮的採編（女男都有可能）要白爛的說，這些事攝影大哥你決定就好。這怎麼會是攝影決定的啦，攝影大哥不應該決定這個東西啊。那個是做這個題目的人要決定的啊。

我們拍照時美術幾乎都會到現場，編輯當然全程要在，其實做廣告影像的美術都很能理解，但是因為平面美術基本上是做後面的。《Shopping Design》的特色是美術常常往前工作。往前做的意思就是說，你事先要去思考，而不是事後拚命修、拚命合成。那個不一樣。我們這個環境一直不鼓勵這麼做，也沒有規定說要這麼做。

美術昭文

二〇〇八年夏天我們拍十位實踐大學建築系的老師，在這個信義誠品這個專櫃空間合照。這張照片牽涉很多拍攝技巧。我這邊負責的是什麼？是把所有人組合起來。因為所有老師到的時間不太一樣，所以是分成好幾個群組拍，最後靠後期合成。敏佳交片子給我的時候，他已經先處理過色調，我的任務則要把四、五張照片做成一個看起來這十個人是同一個時間到達的一個跨頁稿。好，那就是，就考驗我的修圖能力了。所以各位會發現，如果你仔細用尺量的話，你會發現這個桌子其實是不是垂直的。這段其實要講，人物拍攝其實需要很多特殊技巧。

用商業廣告和唱片的規格來做雜誌攝影

攝影師敏佳

我覺得應該要先交代我們三個人的關係，我們會遇在一起工作，發展出所謂的三角戰術，其實是因為我們在不同階段跟詹偉雄這個總編輯工作。二〇〇六年他成為心臟病患者之後，我們就必須獨立工作。

二〇〇一年我在《數位時代》雜誌當攝影，要拍很多財經的東西，有一次我跟記者去蘇州採訪BenQ的KY（就是李焜耀啦）。我把KY安排在足球場上拍照，因為他念書時打過橄欖球，希望拍出他雄才大略的氣勢，所以不選擇請他站在後面有一個企業LOGO的地方，就是一般商業雜誌最愛的那種。那個時候台灣的雜誌攝影比較少人用商業攝影的手法來拍，這種手法其實根本不算什麼。你說拍廣告，或是拍唱片歌手的專輯封面，這種手法都很常見。可是在財經雜誌裡面，就是比較多正統新聞科系畢業攝影師的工作環境，就比較不會拍那種照片。當時詹大哥就很喜歡我拍KY的這張照片，他說我們這一期就靠這張照片贏人家。

二〇〇一年十二月《數位時代》這期三十世代有個大製作，因為大哥也有做廣告的背景。那我自己本身大學念廣告，所以在做雜誌的時候，會用廣告作業的一些技法來製造影像。例如這個跨頁，構成那些色塊的每一小格一小格，全部是那一期裡面採訪對象的人物照片。如果我們那一期拍攝了幾十個受訪者，那些人的人頭就在那一小格一小格裡面。

因為喜愛雜誌，所以必須離開雜誌社

我那時候遇到一個問題，就是雜誌工作對攝影師來說是必須要經歷的，從雜誌工作可以認識到一些優秀的人，可是雜誌的預算跟規模會影響到工作方式。所以我必須要離開，我因為愛雜誌，所以我必須要離開雜誌社。

聽不懂喔？就是比如說有一個工作，我想要另外花兩萬租燈光，我想另外花三萬找美術跟造型和服裝師，或者在某個案子我需要三個燈光助理，可是雜誌社沒有辦法支持這樣的工作方法。詹大哥經常講，要去接不同的案子，去接比較有預算的案子就會有相對好的收入，再拿那個錢來做什麼事。好比說我們去拍廣告撈個幾百萬，然後再來拍我們想拍的電影。我做雜誌的概念比較像這樣。因為喜歡，所以分手。

結果，當我二〇〇四年正式離開雜誌社之後，才是我跟詹大哥，以及現在坐在旁邊的這兩位比較密切合作的開始。我離開公司對大家反而更方便，因為我不需要接受某個部門的安排，去拍什麼拍什麼。就變成詹大哥在某些專案的攝影班底。當詹大哥二〇〇六年去學學文創擔任執行長，就是學學還沒開幕的時候，因為他是執行長，我就接到他的指示去拍攝了一系列的人像攝影，這些照片後來好像也沒派上用場，這大概是我跟詹大哥合作的過程。

就是我喜歡雜誌，所以離開。然後先把自己壯大，然後再用比較好的條件去做雜誌。那我的方式當然就是接商業的案子、廣告。然後，因為只有那樣子，比較高的預算跟營業額，然後才可以讓我有比較好的編制的人力跟器材。昭文有一次問我，請我看社內某某攝影拍的東西，他其實是有點不爽他們到底在拍什麼，我說這不能怪人家啦，就是雜誌社給他的資源有限，他所有攝影器材加起來可能不到二十萬，可是我的東西三、四百萬，有些東西就是因為硬體的差異而產生的。所以我為了要得到比較好的品質，我必須先在外面打拚賺錢。把該有的東西弄到，才可以做出比較好的雜誌。我們常看日本雜誌，讚歎他們攝影多厲害多強，可是你知道他們是花多少錢執行嗎？他們用的器材，用的人數，還有雜誌社給他多少費用，這樣沒得比。

用做廣告和拍電影的模式來做雜誌

我舉一個參與的商業案的工作狀態，照片中穿黑衣服這個人平常是一個平面攝影師，但是我那天請他來是帶燈光組，當天的打燈工作就交給他，不管是自然光還是人工光。我就是那一天的平面攝影師，我要負責跟客戶，跟藝術總監去喬。或者是我要跟模特兒溝通。還有一個角色是業務經紀，跟錢有關的事情，都由他出面處理。還有一個是模特兒經紀人，其他多數是攝影組。（威融補充：現場敏佳其實講了很多，因為篇幅限制必須刪減，以後若有機會請親自到講堂聽課。）

威融也待過廣告公司，所以我們都清楚知道廣告公司的作業模式。拍廣告，一個影像的誕生，一個畫面的誕生，一個 layout 的誕生，該怎麼來就怎麼來。電影分工非常細。導演組、製片組、攝影組、燈光組、場務。什麼事情都有人去負責。我覺得我只是用廣告跟電影的邏輯跟旁邊這兩位一起工作。其實這樣的做法一點都不奇怪，一點都不特別，台灣每天都有人在拍廣告，幾乎每天都有人在拍電影，他們就是用這樣的方式在工作。只是台灣的雜誌圈裡面，這個並不是常態。可是你看到的好雜誌應該都是這樣子，《Vanity Fair》是這樣，《Brutus》

一定也是。預算其實可以解釋很多事情，有件事情非要一百萬才能做好不可，那你給他五千塊，那你要他做什麼？有時候真的差這麼多。

好，我要回去講昭文提的《Shopping Design》第二期的燒肉店拍攝。通常我在拍攝前會問負責這個題目的人（通常是編輯），為什麼找這家店？燒肉店有那麼多種，為什麼是這種比較舊的日式情調？有理由就跟我講，我需要知道。再來是模特兒今天來這個地方是什麼角色？她單身嗎？有沒有男朋友？她為什麼一個人吃？她旁邊會不會有人？她點多少東西吃？因為那個，這個全部，你說以電影來說，這最基本嘛。就是你在畫分鏡，你在寫劇本的時候，對這個演員的描述，全部要知道。那後來我們當然知道這一切答案。可不可以請威融就試著回答這些問題。

拍照的人物個性和畫面配置 事前都會先討論

主持人威融

敏佳問了一個好問題，這期骨子裡的創意概念來自剛剛昭文提的阿部寬主演的日劇《不結婚的男人》，這張照片在雜誌內頁的標題是：

「一個人吃燒肉不可以嗎？」一個女生去這樣的地方用餐，代表她有經濟自主能力，對自己有自信，就算是一個人也很愉悅。

二〇〇九到二〇一一，連續三年《Shopping Design》的日本設計專題我跟阿潼對談日劇時，我在裡面就講過好多遍，多數台灣戲劇的角色創作，只交代長相和三圍，不交代他的喜好、學習、經歷。可是看日劇網站的人物介紹和關係圖，不用懂日文，你也可以看出他們的設定有多仔細，他們會設定說他是幾歲，他來自什麼地方，出身大城市和鄉村個性一定會不同，念短大跟念東大也會不同，待外商還是本土公司也會不同。你知道我意思了吧？日劇會好看，不只是因為菅野美穗很會演，也不是木村拓哉很帥，不只是那樣的。通常我的任務就是講故事，然後交給昭文和敏佳，請他們要把這個概念轉化成畫面。我不是美術，也不是攝影，我能做的就是把故事、情緒和想像的畫面想出來，執行每期的拍攝前我們大概都會有這樣的過程。

攝影師敏佳

攝影師的工作是拍照，拍照就是按快門嗎？他要關照照片裡面所有的元素。一個漂亮的女生點了三盤肉跟只點一盤肉，會不會不一樣？

那時候設定的故事，就是要顯得她很有自信，不怕吃，有本事變瘦。所以桌上的東西就要多啊。這是很小的事情，可是如果沒有清楚的角色設定跟個性描述，就會不知道桌上面是要放幾盤肉，還是全部放生菜。她用餐的情緒是什麼？是等女生朋友，還是等男朋友？還是等結婚五年的丈夫，那個表情都不一樣。如果你沒有告訴我，我就不曉得怎麼控制她的表情。如果主事者沒有告訴我現在要幹嘛，我就只能隨便拍了。這是遇到不那麼專業的工作者時的情況。

如果去看這張照片的工作檔。最後要的畫面應該不會按超過二十次快門，因為我們全部設定好，飲料要出現在哪裡，肉要放在哪裡，跨頁折線會不會出現問題？右下要放字，左上要放字，空間都沒有問題之後，接下來就是模特兒的專業的表演。她聽完故事，開始做出我們設定的那個狀態，那我按一百張幹嘛？我按十張、十五張有就收工，就往下一個地方去了。悲慘的是大多數工作都不是這樣，有一次抓狂在我當時的部落格寫：不要再叫攝影師都拍拍看了。你們只會說不知道耶，麻煩攝影大哥用你的專業多拍一些嘛，我們事後可以挑啊。這是我最怕的那個邏輯。好，補充完了。

美術昭文

他們講得好嚴肅喔，我記得拍完之後整個團隊約了一次去大吃一頓。（威融補充，因為女模特兒也有去，所以某人記得特別清楚。）

不想催詹大哥交稿 發展出的兩人對談版型

主持人威融

好像還有很多重要的東西要講，我們趕快，接下來我們三個用接力的方式，輪流補充。那瓶紅酒快被敏佳喝完了，趕快拿過來我這邊。接下來要說「家的設計」那一期詹大哥和安老師的對談，那一篇是《Shopping Design》後來常常出現兩人聊天版面的開始，我們在那期的工作也就是開模。會想出這個工作模式，其實是不想跟詹偉雄邀稿，然後他拖稿，怎麼催都沒有用。於是我們就倒過來想，如果我們安排一個有趣的聚會，讓參與的兩個人都覺得有趣，也就是約他們兩個去做一件好玩的事情，他們接通告的機率就很高。這是對談這個工作模式最早的想法。

美術昭文

這期「家的設計」是去當時在實踐教書的安郁茜老師、她在民生東路五段巷子裡面的家拍攝。像我這樣的美術，在現場比較像看風水的，我會在那個環境裡面不斷地繞繞繞，在各種角度蹲下、站起來，或者站在奇怪的位置去看那個環境，我的責任是告訴威融跟敏佳，這個畫面要擺上雜誌版面，可以呈現什麼樣的角度。因為安老師家整個重新改造，絕對不是一般公寓的格局，它的頂樓開了一個露台，我往上看發現天空很藍，我覺得如果人坐在那個露台上面，會是一個很奇怪的角度，或者是說可以呈現一個特殊的觀點，因此我發現這個角度趕快跑過去跟正在架機器的敏佳說，來，我們來看看這個角度可不可以做。因此才有這張畫面。

攝影師敏佳

我剛剛好像喝了好多紅酒，現在有點茫，再講下去我今天會得罪很多人。其實我有點忘記當初什麼狀態，現在我看這樣的照片，我想說錢的事情耶！你看我們是從下面往上拍，燈的位置應該是更高的地方，我就問非常實際的問題，什麼燈腳可以升到十米，你帶得出門還夠穩，可以在戶外操作又吃得到電？拍完這個畫面，隔兩天我就在部落格貼一篇有一種特殊的器材，可能也沒有太貴，二、三十萬可以把攝影機吊出去……那個預算嚴重影響美學啊！我現在想的全部都是技術性的問題，技術決定了你有沒有辦法拍成那個畫面。好，就是要繼續努力賺錢，才可以做出更好的雜誌。

麻煩大家沒事　千萬不要在台灣做雜誌（除非你確定真的很愛）

主持人威融

我們的工作方式的確就是昭文剛才描述的：事前一起討論、在現場一起做判斷、攝影挑片、我負責文字部分、版面構成交給昭文。剛剛聽兩位伙伴這麼說，你們不覺得原來做雜誌是這麼有趣和有學問的事嗎？我們會從電影啊、日劇或是外國雜誌去尋找靈感，這其實是這一系列課程我最想分享的，我才不要訓練你們成為台灣的雜誌編輯，這個行業苦死了，可是你若懂得看雜誌，從有內容的雜誌了解很多有趣的事，真的很好玩。

我記得一看到安詹對談這張照片就非常有感覺，當下覺得寫出對應的文案應該沒有問題，這個畫面讓我連想起二〇〇〇年前後最喜歡聽的一首歌，新加坡歌手許美靜唱的〈城裡的月光〉，這張照片裡人物的視線、溫度和天空的顏色給了我這樣的連想，因此我寫這段前言和編稿時都在聽那張專輯，這是我獨特的工作方法。

再來是「設計咖啡館」這期的這個對談的開門跨頁，敏佳找到一個視角把對談的三個人都放進畫面，這場對談是我跟馬世芳去找阿寬聊天，吧檯後面正好有一個鏡子，可以反射出我跟那個馬世芳的臉部，正好成為一個有趣的三人聊天畫面。

二〇一一年四月的唱片設計那期，我們想找個讓人一看就覺得是個談設計的好地方，最後選了台北市南京西路巷內的61 NOTE，它的空間很乾淨，引進的商品滿特別，一樓空間不大，一半是用餐區，另一邊是商品販售區，地下室整理成一個像小沙龍的空間。我們在開拍前提早到現場，討論後決定用兩個畫面來開場，第一跨交代這兩個設計師他們今天約在這個地方要做甚麼呢？順便介紹他們兩位，接著才進內文，到地下室請兩位對談的設計師聶永真和林小乙坐在前頭，其他座椅刻意摹仿美國偶像選秀節目的現場構成，每張桌子上面都擺了CD專輯。

美術昭文

通常我們正式拍攝前，特別是這種在戶外環境的通告，我跟敏佳就會蹲在外頭一直看，人來人往看這兩個人怎麼怪怪的蹲在那裡，然後拿著一台好像是攝影機的東西，不知道在拍什麼，敏佳是透過觀景窗，我是透過我自己的眼睛，想像這個跨頁可能會是怎樣，最後出現的那個範圍會是怎麼樣，我就蹲在那裡看，看很久，永真桌上的水杯角度不對，我就要跑過去喬一下，就只是喬一下，也是要喬，因為呢，我就是這麼龜毛，就是覺得某個小地方沒做好，就會破壞整個視覺。所以我會從室外跑到室內，室內又跑到室外，然後只是跟永真說，麻煩你手指頭再降下三度就可以了。這我常做的事情，補充完畢，謝謝。

採訪日本社長 一定要團隊出動才有氣勢

主持人威融

再來是二〇一一年二月號的前進日本學設計這一期，畫面右邊這位是日本知名的旅行產業星野集團的社長，他來台灣開會時我們策劃的拍攝。左邊這位是我的好朋友游智維，風尚旅行社的總經理。拍攝前幾個月，有一次我跟智維聊天，跟他說我在《Brutus》看到星野社長

的介紹，如果他會來台灣的話，我很想採訪他。沒想到隔沒多久，智維就跟我說社長十二月會來台北開會，也許有機會，在智維的牽線安排下，我們真的聯繫上。

由於之前在財經雜誌的經驗，大老闆接受採訪都是在五星級飯店的房間或咖啡廳，我提出的採訪要求則是一定不要在五星級飯店進行，透過電郵我跟對方說，因為他是旅行社的社長，而且他推廣的是在地文化旅遊，我希望他能接受台灣在地設計雜誌的邀請，到台灣的街頭融入台灣的地景，我們幫他拍張照片，如果時間真的不夠，之後透過 e-mail 訪問。

拍攝當天是在台北六福皇宮附近龍江路上的咖啡館，這家店的二樓是幾年前拍阿潼跟我對談日劇的場景，場地內外的氣氛和質地都有看頭，老闆人又好，打個招呼就直接來了。選擇約龍江路的原因是星野社長傍晚在六福皇宮開會到晚餐之前有空檔，沒法子跑遠，只能在這附近。那天敏佳大概找了七八個學生還是助理到現場，幫忙架燈和維持交通。

我跟社長一見面，我就拿那本有報導他的《Brutus》給他看，我說其實我看到這個訪問，我就好想訪問你，我希望台灣的雜誌也能做一個這樣的訪問。我其實是想跟他說，請你放心，等一下你不必擔心，我都看過這麼高規格的報導，我們會拚命做到相差不太多的。我們原本只設定在咖啡館外面的路上拍一張主照，可是後來昭文一到現場，他就用風水師的嗅覺到處繞，忽然跑過來跟我說，旁邊兩條巷子有幾個攤子好像不錯，我說是什麼東西啊？過去一看，我說對啊，就是這個啦！這就是最後大家看到星野社長和智維吃路邊攤的照片，這是星野社長第一次吃到豬頭皮，因為對日本人來說，豬頭皮是個怪異的東西。

然後啊，採訪日本人絕對不要一個文字記者和一個攝影傻傻的去，你穩死的！最好是一個採訪再加一個副總編，攝影師一個，最好配兩個助手，他覺得你尊重他。他們認為這才是正確的做事方式，他不認為一個人去訪問就可以搞定的，這不可能的。這就是我剛剛說他五點半到拍攝現場，看到敏佳一群人在那邊打燈調鏡頭位置，他就知道我在跟他玩真的啦！你在跟他玩真的的時候，你覺得他會糊弄你嗎？我的經驗是不太會、不太會。抱歉，很多話，這就是這兩張畫面，這是

我收穫很多的一個工作經驗。

美術昭文

那天下雨真的很大啦！那天的雨大概你一淋雨三秒鐘就全濕的那種情況，小吃這個畫面，巷子很窄，機器沒辦法架，什麼叫沒辦法架，麵攤對面停了一排車，所以敏佳是貼到那個車上，然後把機器黏到那個車窗上面，才有辦法拉出這個深度出來的。

我覺得台北市龍江路這一帶很有意思，這個地方它有充滿了這種牆面，然後還有許多以前市政府發編號給的路邊攤，他是有照的喔，所以我來到了這個區域，充滿這麼多古舊元素、這麼好看建築樣式的街區，我怎麼可以輕易放過呢，我當然還是用我的老方法，悶著頭去找景，所以才有這個畫面。

有人努力把台灣拍得不像台灣　這不是我們想做的事

攝影師敏佳

我會講得比較複雜，可能講完這個，其他不講都沒關係。拍這個畫面，其實我們有瞄過，但是我當下不敢，沒說什麼，這跟我兩三年前遇到的事有關。我念廣告嘛，我有一個同學，後來他就做到一個創意總監的位置，他負責的案子是某某汽車，廣告都不講車，就講溫馨啊，老婆懷孕啊，有小孩這些事情。有一次在喝同學的喜酒，他就跟我說，敏佳，我們有一些案子要把台灣拍得很不像台灣，我不曉得你常不常做這種事情，我那時候一聽就覺得我這一輩子都不會跟他合作，我那時候直覺就是，我為什麼要把台灣拍得不像台灣啊？拍得像台灣不好嗎？你不知道台灣長的什麼樣子嗎？你不知道台灣哪裡好嗎？不過當時在吃喜酒，就沒講這些東西了。

還有就是我跟國際中文版時尚雜誌合作的經驗。就有一次我們去拍中生代台灣導演，這一路導演都很窮……就是很慘……我都比他有錢這樣子。那一天我接了雜誌拍攝的工作，到他們的工作室拍導演和主要演員一起入鏡，那因為他們很窮，所以那個場景就是很寫實，然後編輯就很擔心，回公司會被老闆打槍，說這個畫面絕對不行，我說靠，你是哪一國的人？對不起，我剛空腹喝酒所以現在非常直接。後來勉為其難，就到導演的辦公室裡面，就看不到那一些粗俗的台灣東西，就拍了一個畫面，有書桌、有書架，導演穿汗衫抽菸。

對談這幾張前面我全部不講，我就等著講這一張。因為看起來是拍一個攤販，可是他代表的就是台灣人的尊嚴啊！就我知道，如果北京的某個雜誌圈發現台灣做的有趣的東西，好好玩，紐約的雜誌發現台北搞什麼好有趣，絕對不是仿地中海風格，他一定是發現你們玩自己的東西好有趣喔！那我們自己的東西是什麼？哪一些東西是真正我想要的，我是不是喝了台啤就很開心，我是不是不懂紅酒也可以過得很快樂？我是不是真的需要買歐洲設計師的某張名椅，還是自己做的桌子或是椅子，就很開心？

SD畢竟也是一個就是知青、假知青、假文青、半文青會讀的東西，可以搞這種路邊攤來嗎？這是我每天去的地方，穿著夾腳拖鞋，坐在長條板上，我的工作室外面就是一個這種地方，這是我們的生活啊。我覺得昭文很有種耶，竟然把這種人找來路邊吃豬頭皮，而且還下雨。所以那個時候昭文說，我們去那邊看，我說我其實看過了，我們真的要這樣玩嗎？我對這個場景沒有問題，下雨打燈統統都沒有問題，我平常就已經做好要風雨無阻的拍攝狀態，可是我最怕的是，讓一個日本人的社長，放在路邊攤吃豬頭皮這件事情，坐那個搖搖欲墜的那種椅子，這不是我們共同經驗嗎？我說你真的敢玩？可是後來這張一弄弄上去，就是沒問題。

拍攝田中央用盡全力　幫他們留下可以用一輩子的照片

攝影師敏佳

田中央這張大合照，我希望我幫被拍攝者拍一張可以用一輩子的照片，這野心很大，所以我必須盡我的全力，去理解他們，去猜測他們的情感和行為，那我就拍出他某一個狀態，然後希望他真的就把這張照片當作他這一輩子的代表性影像。

在拍田中央的時候，我卯足全勁希望這張照片是他們以後出書或辦展覽、在公司要掛一張公司全體合照都會用的照片，這當然很難，在我去拍他們之前已經有很多媒體去拍過田中央，我去拍他的時候已經算晚了，所以我壓力超大，花了很大的功夫，最後結果呈現雜誌刊出的那樣，後來跟黃聲遠老師比較熟，他會跟我勾肩搭背稱讚我真的有看到他們在宜蘭做事的樣子，聽到這樣的稱讚會讓我覺得這一輩子做攝影夠了，以後去賣饅頭或是賣炸雞排沒差了。

主持人威融

二〇一一年一月號的《Shopping Design》有一篇很厲害的越洋採訪報導，是台灣HTC邀請巨思文化旗下的《Shopping Design》、《數位時代》，和其他幾個媒體在二〇一〇年底去美國西岸執行出來的。這篇十幾頁的報導其實我根本沒有去，因為那時候《Shopping Design》正要從雙月刊邁向月刊，等於工作量加倍，我忙著策劃上半年的雜誌內容根本走不開。於是我安排敏佳和《數位時代》的資深記者一起去，我把原本我的配額（機票和食宿）轉給敏佳的助手（詳情後面交代）。

通常我們採訪和拍照都是一起進行，這次的狀況很不一樣，不僅是採訪外國公司的設計師，而且是幾個媒體的聯合採訪。我在出發前就請HTC的公關幫忙將「我的問卷」提供給預定受訪的設計師們，我希望他們看到這份問卷，就知道來自台灣會有一個很奇怪的媒體，他會用一個不一樣的方式來進行互動。

我第一題是問你最喜歡哪一個搖滾樂團啊？我還怕不具體，我說舉例啊，你可能小時候很喜歡滾石，但你現在很喜歡那個東岸的The

National，這些舉例你不能亂挑，因為你在選擇這些都是在讓他對你有印象。第二題問最喜歡的三部電影，第三個問題請教最喜歡居住的地方，直到第四題才問他，你覺得你的設計生涯最大的成就是什麼……。

攝影師出國前的器材打包和勘景作業

攝影師敏佳

我從很技術面的東西講起。當我遇到出國拍照的工作，我的打包策略就是重要器材不託運，我要把所有的器材全部都帶在身上，可是航空公司有載重和尺寸限制，其實會出問題——就是我的行李加上我需要的器材和燈光，還有備份器材，怎麼可能呢？所以我採取「組合」的方式，有一個從前的助手當時正好在紐約念書，我請他帶一半的器材到西岸，我自己帶一部分，結合之後就可以工作。我的三角架只有頭沒有腳，腳要從紐約過來。因為我還帶燈、帶燈腳、帶傘、帶一二〇相機、帶幾個鏡頭，還要帶我可能六天五夜還是五天四夜的個人行李。這是很技術面的東西，但是非常關鍵，沒有解決這些事情，就沒辦法工作。

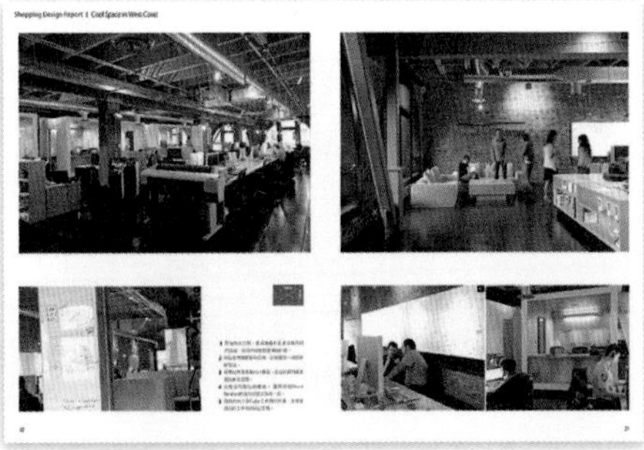

那趟出差到西雅圖時，一個以前的助手從紐約飛來會合，到舊金山的時候，我事先找了另一個國中畢業就去舊金山、也是做攝影師的朋友的朋友，所以他很了解我要幹嘛，我就請他做副導，因為我沒有在國外住過十幾年，他在現場喬那些事情相對是容易的。

出發之前，我用盡各種方法做事前的功課，講一個比較可怕的事，我人在台北還沒到現場，其實我已經知道這張照片要怎麼拍了，舊金山這家公司有十五個或是十八個人在現場，可是我知道我只要拍三個，而且是在他們公司的這片粉紅色的牆前面。為什麼？因為他們不是小公司啊！太多媒體報導過，台灣也有雜誌去過，我隨便Google一下這家公司，連他們公司的平面圖都找得到，所以我已經知道哪個地方我可以用，哪個地方是管制區域，多數地方都是白色，那個粉紅牆面最適合當背景。然後這家公司是這三個人說了算，所以我知道要拍的就是這三個，不需要再找雜七雜八一堆人進來。

拍這兩家公司為什麼我拍人的方式差這麼多？因為我事前跟台北HTC公司的同事打聽他們這兩家公司的團隊氣氛和公司文化，對幾

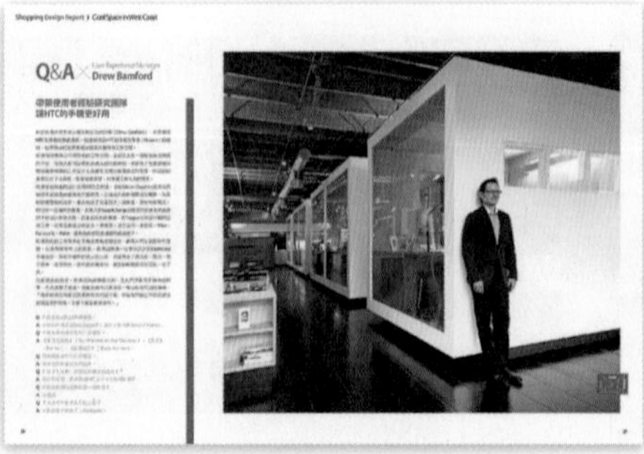

個主要大頭都有理解，一家比較強調團隊合作，一家的大頭比較走明星路線，所以我們拍團隊氣氛很好這家的時候，事先在地上拉一條電線，請他們站在一個同樣的平面上面，對好焦，然後請他們過來，我說我要拍一張合照，我們先拍三張，就是安靜一點的，接下來我請他們玩，一下子就開始瘋了，按了五張之後，我說好了，可以了，這就是他們的樣子。大概就這樣。

主持人威融

抱歉喔，我們三個太會扯了，耽誤大家時間，第二堂課就這樣子，萬一有些小問題想問我們，請到前面，我們會再留個十分鐘，謝謝大家來。

連續三年 做日本設計專題的感想

如果一定要挑一件我在《Shopping Design》最驕傲的成就，我會選日本專題系列的策劃和執行：從二〇〇九年二月號開始，我們製作日本設計入門大受歡迎，二〇一〇年推出第二彈，二〇一一年繼續第三集。因為總編輯個人的偏愛和偏執（這是一個優秀總編輯應該要具備的重要條件不是嗎），我創造了台灣設計雜誌的幾個不可能：首先是把日劇這種跟設計似乎一點關係也沒有的題目，透過我和阿潼的對談成為具有號召力的內容；再來是把 Summer Sonic 和 Fuji Rock 這兩個日本重要的音樂祭題材選入內容，真是高興；另外就是在第二次和第三次專題後段把村上春樹、日本攝影師等實在是很文青的題目做進去，

豐富了整個系列。其中我覺得最關鍵的應該是日劇，這也是事後回想覺得最不可思議的，這本設計雜誌怎麼每次一定要談日劇啊。

二〇〇八年底我和阿潼失散多年後重逢，阿潼是誰？在後來刊登的日劇對談關於她是這麼描述的：「台灣日劇迷中尋訪真實場景次數、拚命拍照做筆記第一人，多次前往日本實地考察，後來乾脆到早稻田大學進修一年，二〇〇〇年前後曾出版《東京鮮旅奇緣》、《東京日和》、《日劇的美味關係》和《真夏的海洋》等個人出版品。」和我重逢時的阿潼任職於台灣某有線電視台，負責本土偶像劇開發企劃行銷相關工作。年輕時和她相識，跟日劇有關，我在一九九七年出版的第二本個人著作《Shopping Young》裡，寫了一大堆日劇給我的各種啟發，後來阿潼出書就找我寫推薦序。

事隔多年，我們還是一樣喜歡看日劇，我突發奇想想把日劇放進隔年二月號的日本設計專題，我先把做日本設計一定要出現的題材，放在雜誌的前面，好比說《設計東京》作者吳東龍私房分享東京必逛店舖——MUJI新宿大型店、設計A卡開的居酒屋、AXIS Gallery；李清志老師導覽去日本一定要看的安藤忠雄建築——直島美術館、水的

2009年一月，阿潼推薦我們去台北市遼寧街的公園咖啡，那是她單身時常去寫稿的祕密場所。

教會、海的教會、光的教會、CASA傢飾店；謝宗哲老師推薦五位你該認識的日本建築師——妹島和世、西澤立衛、石上純也、平田晃久、藤本壯介；設計師聶永真、林小乙、游筆文、鄭宇斌分享他們最喜愛的日本雜誌——《Idea》、《Studio Voice》、《設計現場》、《裝苑》、《VICE》、《美術手帖》……有了這些正統好料，在專題的最後偷渡一個挺有趣的餐後甜點應該可以吧。

雖然不是專題的主菜，但製作工夫還是很講究，在阿潼的推薦下，我們在台北市的遼寧街，挑了一家氣氛完全不輸日劇場景的公園咖啡進行對談和拍攝，攝影師敏佳清楚明白這張照片的重點不是這兩個日劇迷有多美艷或帥氣，而是兩人情投意合長談難休的纏綿不斷，兩個人拚命講拚命說，從咖啡館二樓聊到門口戶外座椅一直講。由於劇情設定是我倆久別重逢，就從九〇年代的經典戲碼開始講，把山口智子、木村拓哉、松島菜菜子、阿部寬、竹內結子、福田靖、野島伸司、井上由美子、北川悅吏子……都扯進來，因為我們誰也不知道會不會有第二次的日劇對談。

在那篇對談的最後，我刻意安排了這樣一段話：「如果我們這期賣

的不錯，讀者喜歡我們這篇對談，我們下半年做日本設計入門第二集時再找你好好聊。」沒想到一語成真，這期大賣，一堆人回報這篇日劇對談真好看，學生時代的老朋友葉美瑤特地請我吃中飯，她說這麼多年那麼多人在講日劇，可是你們兩個充滿個人偏見的閒扯，最讓人印象深刻，我把她這段話當作二〇〇九年最棒的讀者回應。

二〇一〇年二月號我們推出日本設計第二彈，做任何題目的續集最痛苦的就是不能沿用先前的架構，在這樣的逼迫之下，加上前一年阿潼跟我的組合好評不斷，那何不發展出十組「威融＋阿潼」呢？後來的結果就是大家看到的，十個座談夢幻組合在一時之選的場景拍攝，那一期真的是《Shopping Design》極致的代表作。長年看我編雜誌的好友老查看到日本設計第二期的卡司，在他的部落格寫下他的讀後感，他用「真奢侈」來形容這期雜誌：「這麼華麗的人選這種精彩的內容怎麼就一期用掉了呢，這非常符合我所認識的黃威融，只要喜歡的題目會不顧一切的去把它做出來，真是個非常任性的總編輯啊。」

經歷日本設計入門那期我和阿潼經歷大雜燴式的對談，第二次設定的切入點是「想理解日本社會，那就認真看日本偶像劇和時代劇。」

2010年一月，威融選了位在台北市溫州街上的Bastile Cafe，在一樓和地下室各拍了好幾張照片。

我們從福山雅治主演的龍馬聊起，談了改編東野圭吾小說的日劇，包括《流星之絆》和《偵探伽利略》，也聊了《BOSS女王》和《篤姬》。

最後一次日劇對談，一開頭我寫了這些：「第一次是有緣，第二次是默契，第三次應該就是命中注定，至於會不會有第四次第五和第六次……就交給未來決定吧。連續三年在日本設計專題的最後，《Shopping Design》都邀請到日劇作家阿潼和本刊總編輯黃威融對談他們熱愛的日劇，兩人不斷的閒扯離題，然後戲劇性地拉回主軸，是他們對談的最大特色。能在生命中的某個階段，跟喜愛共同事物的知音交換彼此的偏見，是人妻阿潼的福氣，也是威融的福氣，希望也是《Shopping Design》讀者的福氣。」

關於日本設計專題，關於日劇對談，就先補充到這邊。未來有機會整理情愛戲劇雜文個人作品的時候，一定會好好努力再做些有意思的事。

JAPAN DESIGN
感謝松雪泰子、福山雅治、香川照之、福田靖、黑木瞳、西島秀俊……2010年的日劇還是很好看
阿潼 黃威融

2011年一月，偏偏選在一個溼冷的下午去寶藏巖尖蚪咖啡外拍，室內的溫暖氣氛讓人忘記戶外的酷寒。

那些年我們和無印良品創造了感人作品

趁此機會，我希望能把《Shopping Design》從二〇〇七年六月號開始跟無印良品共同創造出的一些介於「雜誌內容・廣編置入・廣告版面」的作品，用編年史的方式呈現出來。會有這些作品，我覺得是消費時代的必然，品牌和雜誌合作的偶然，且讓我稍微解釋一下。

無印良品進入台灣是二〇〇四年春天，在台北市微風廣場開了第一家店，同年底開了西門町、站前和紐約紐約店；二〇〇五年在新竹和高雄漢神各開一家店；二〇〇八年在桃園和台中各開一家店，台北Sogo 復興開一家店；二〇〇七年三月在高雄夢時代開了第十家店。

進入台灣之後，無印良品跟《美麗佳人》和《ppaper》分別製作過特刊，也在不同的媒體刊登廣告。二〇〇七年春天無印良品負責行銷的工作者找到我們，當時《Shopping Design》已經創刊了三期，她對我們的印象不差，但要怎麼合作並沒有具體的想像。

根據日本雜誌的發展經驗，新類型雜誌的誕生跟新品牌進入市場其實有高度相關，最好的例子就是《Casa Brutus》，它本來只是《Brutus》的特刊，但是隨著二〇〇〇年之後日本消費市場對北歐設計和建築情報的熱愛，這本雜誌很快就從特刊變成月刊，吸引了高端家電和流行品牌的廣告投放，以及一群熱愛建築設計的死忠讀者。我個人的解讀，是二〇〇七年無印良品已經在台灣拓展到十家店，它在台灣的消費市場已經完成第一波登陸，接下來行銷傳播的任務會愈來愈重要。如果大家記得的話，二〇〇八年中無印良品第一次參與了對台灣設計學生具有指標意義的新一代設計展，同年十二月第一屆的簡單生活節在華山舉辦，當時我在華山附近看，怎麼來簡單生活節的人們怎麼都像是從無印良品專櫃走出來的人啊。

大概就是這樣的背景，消費時代的必然促成了品牌跟某本雜誌的開始合作，很幸運地《Shopping Design》是那本雜誌，從那年開始我們開始了長達好幾年的合作關係，我要特別感謝當時的總經理王文欣（現在是中國無印良品的董事總經理，這次我出版這本小書，她豪爽同意掛名推薦），對我們創意團隊的堅定支持和不積極管理（這其實是跟創意人合作最深奧的學問），還有就是長年居間協調統籌大小事物的黃婧芸小姐，若不是她和我們一樣愛看日本雜誌，懂得欣賞並提供機會讓我們創作，二〇一三年下半再度把當初的創意團隊集結，並獲得現任梁總經理的支持，由我們參與製作十周年特刊，順利在二〇一四年四月上市。能和這樣的客戶合作，一日廣告人終身創意人的我，深感驕傲。

2007.06 / TRAVEL WITH MUJI 系列

旅行是為了離開，離開是為了再回來。有些事，有些想法，只能透過旅行解決：對親密關係的厭煩，對呆板人生的無奈，對燦爛夢想的追求，對未知邂逅的期待。高中畢業那年，我去舊金山遊學一個月；隔年去日本找遊學認識的朋友，他們帶我去許多遊樂園狂歡；二十歲那年，包括我在內的三個處女座朋友一起去歐洲自助旅行；去年夏天，我去紐約待了三十一天，當作是給自己一場奢侈的畢業典禮……。

2007.10 / 原來如此

許多人買 MUJI 的東西光憑感覺，因為喜歡它素樸、不招搖的產品風格，這當然是對的，在這個亂七八糟的世界，純粹直接是難得的美德。但若是從設計的角度來看，光靠感覺其實不夠內行，也暴露出買家對 MUJI 產品的不夠了解。如果你稍微認真研究 MUJI 的產品，你一定能夠豁然體悟 MUJI 產品的設計奧妙，心中不禁浮現「原來它這樣做是有原因的啊」。

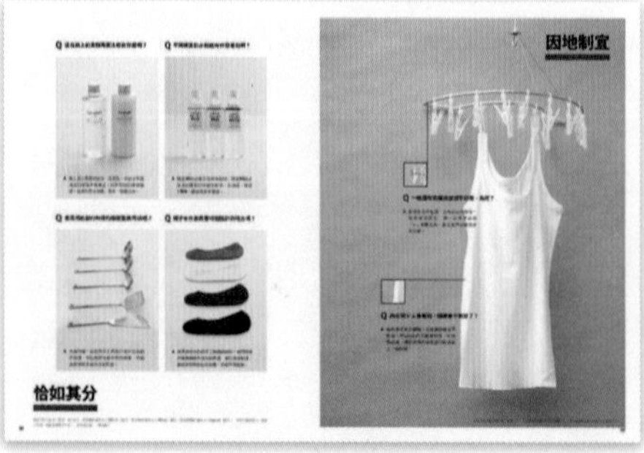

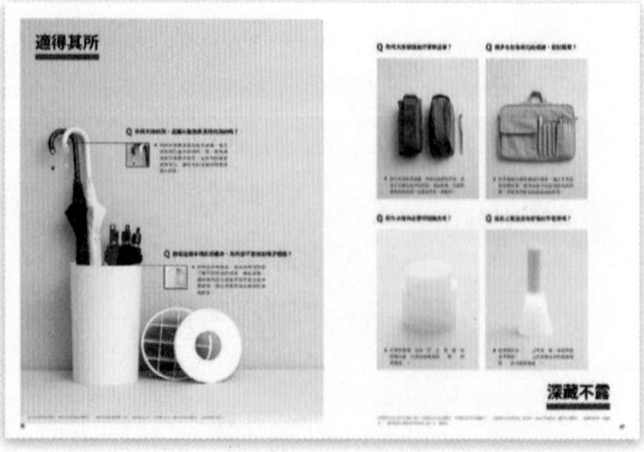

2007.10 / MUJI FOOD

對忙碌的城市人來說，找到品質有保證、口味好的調理包，是節省料理時間的好幫手，你只需再花點時間和心思採買適合入菜的新鮮食材，一頓豐盛的主餐就搞定了。當然，基本的調味罐和鍋碗瓢盆，你也得事先張羅齊備，城市中現在愈來愈多的超級市場和生活風格店販賣這類東西，你又找到 Shopping 的理由了。（感謝李雪如小姐在食物系列的投入和執行，沒有她的協助我們做不到這些）

2007.12 / BUYING GOOD DESIGN FOR XMAS GIFT

愛好設計事物的人，通常不喜歡隨俗，若大家一窩蜂去搶購某類商品，便覺得跟隨群眾消費是件愚蠢的舉動，千萬不可跟進。同樣的，這類人向來厭惡逢年過節被大眾媒體催眠該買什麼要送什麼，說到底，對設計有主見的人就是會這樣，她/ 他們希望自己決定自己該買的東西，用自己的品味和路線來決定自己喜歡的是什麼。

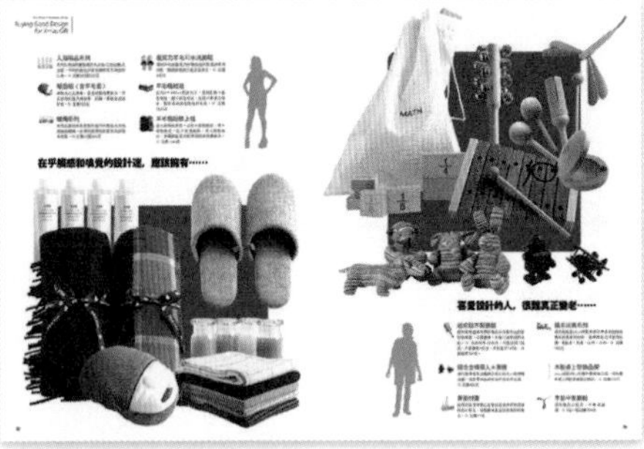

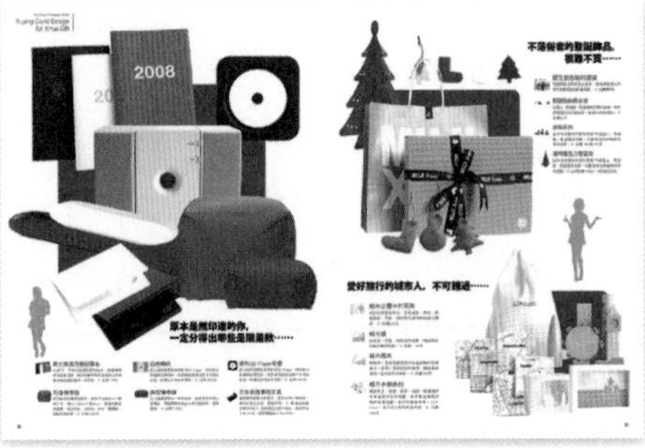

2008.02 / 美好廚房

常常下廚做菜的朋友一定同意，烹飪就是一連串流動的步驟，為了做出自己喜愛的料理，我們認真地規劃不同器具的友善距離，仔細挑選各種就手好用的工具，一個永遠維持整齊清潔的廚房，它的主人一定是個不熱愛料理、不懂得享受生活的人。為了收拾廚房的必要性混亂，我們得花點心思和氣力去找好看好用的東西，幫助我們在解決烹飪和收納問題的同時，充分享受廚房帶給我們的生活愉悅。

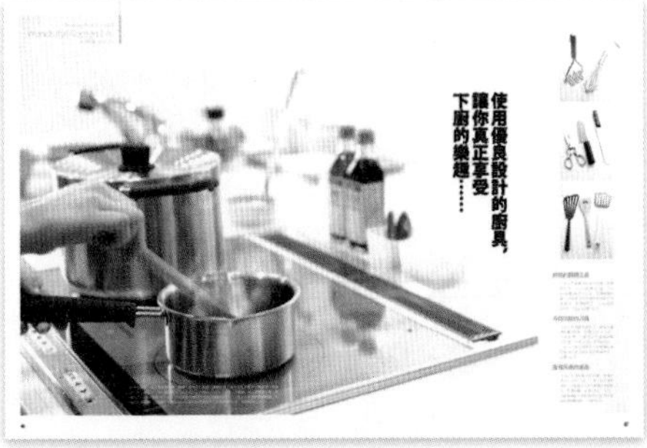

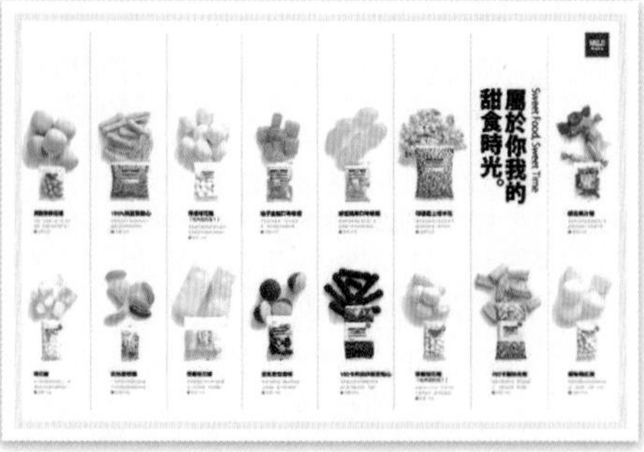

2008.02 / 甜食時光

2008.04 / 良品設計

無印良品到底在賣什麼？一九八〇年剛進入市場時，販賣的商品只有四十種，主要是衛生紙、即溶咖啡等日常消耗品和食品，經過二十幾年後，根據二〇〇八年二月的統計，無印良品的產品項目高達七千一百七十二項，其中生活用品共有四千八百三十項，占了最大部分。《Shopping Design》特地找了二十一位我們的忠實讀者兼好朋友，看看他們愛用的無印良品是什麼。

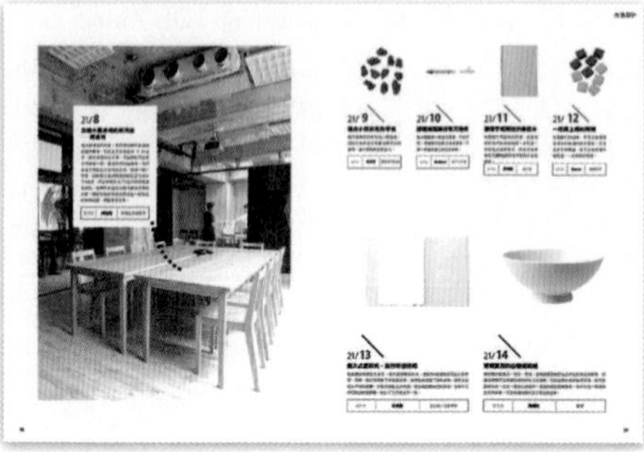

2008.06 / 旅行

許多事只能透過旅行解決——告別呆板的人生，追求燦爛的夢想，邂逅未知的可能……我已經下定決心，今年一定要出國流浪一趟……在亞熱帶城市度日，我不時聽到瓦倫西亞的召喚……流浪不能帶太多東西，就去 MUJI 把最基本的帶著吧。期待已久的旅程開始前，先去 MUJI 把隨身用品買齊吧。

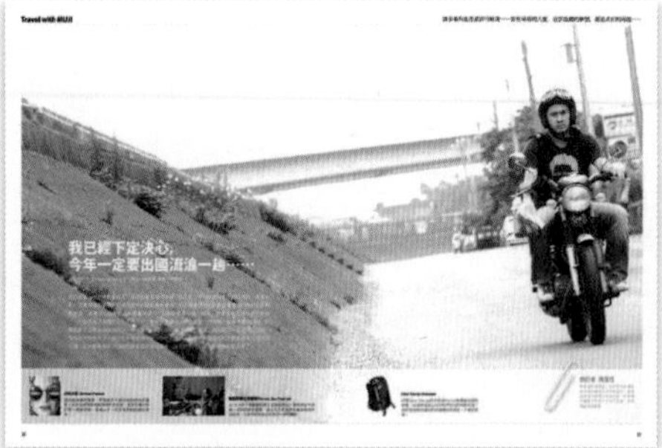

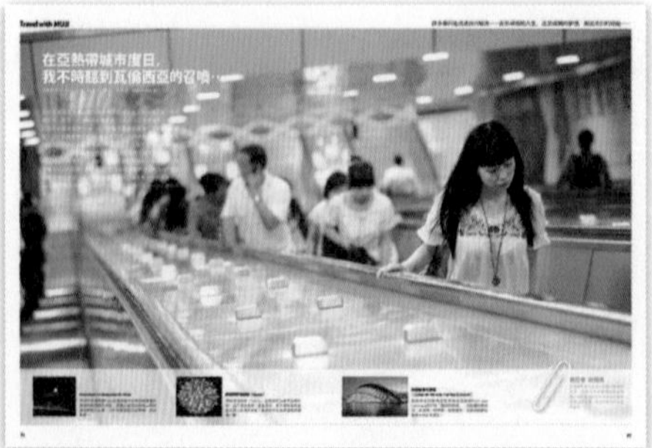

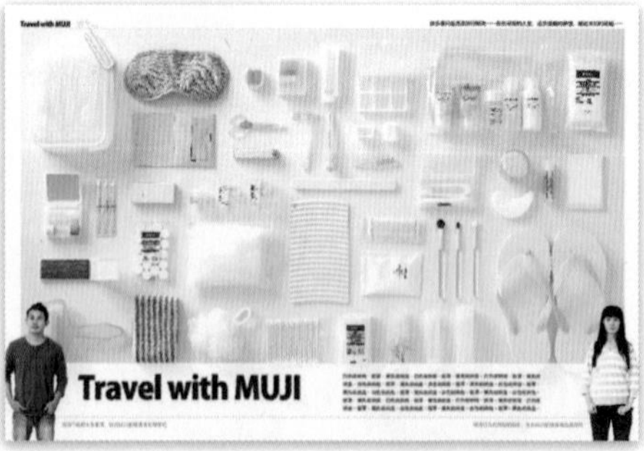

2008.05 / 原來如此

2008.08 / 文具

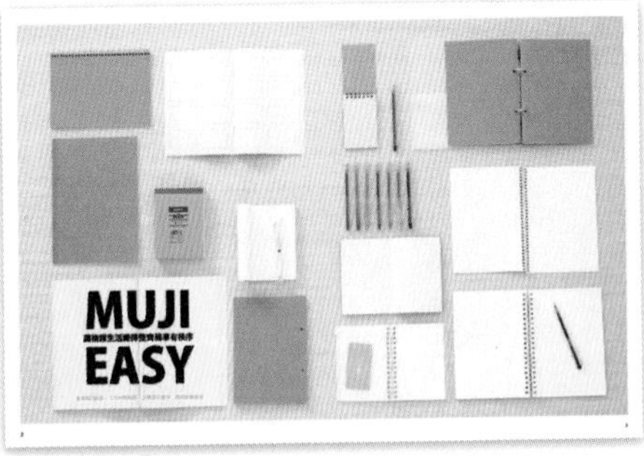

2008.08 / 無印單車

無與倫比的微風輕拂……無所事事的晃蕩青春

2009.02 / 日本設計美好生活

我們喜愛去日本街頭發現新店鋪順便買很多台灣少見的好東西回來，我們喜愛跟日本設計有關的事物，我們並不堅持 Made in Japan，因為在這個分工精細的年代，Design by Japan 才是合情合理的工序。一九八〇年在日本起家的 MUJI，堪稱是日本設計的代表品牌，它們最讓人佩服的是從使用者的生活形態出發，觀察人們行為和環境的互動細節，再透過材質和功能並重的設計手法來完成，以下這些良品，都是我們深深喜愛的日本優良設計。

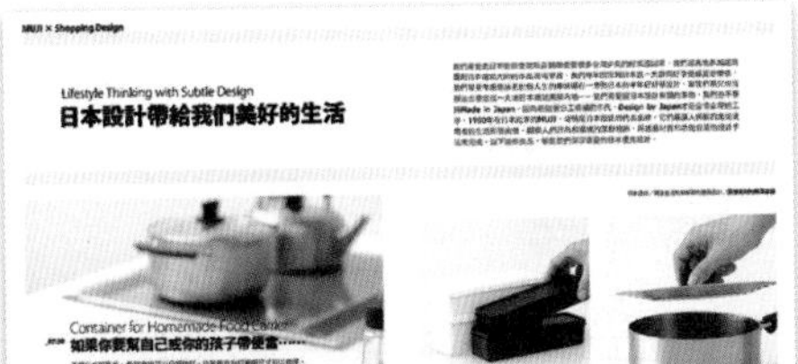

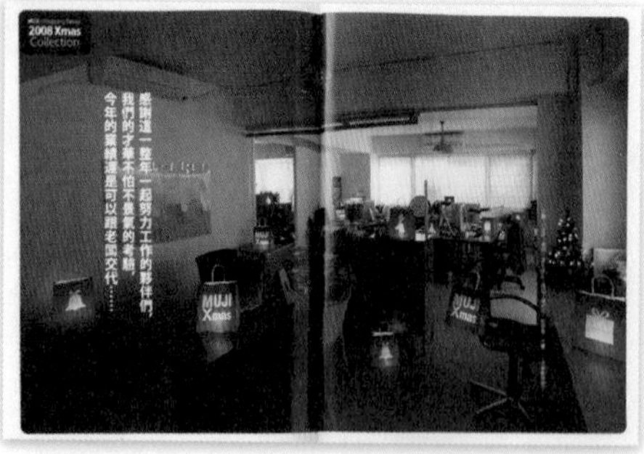

2008.12 / 聖誕快樂

2009.05 / 無印良品設計道理

二〇〇九年初夏無印良品在台灣推出《原來如此——無印良品的設計祕密》，慎重選出四十多件代表性商品，和消費者分享產品背後的開發理念。無印良品向來不堅持製造「最好最完美」的商品，而是「這樣就好」的商品，追求合理的品質、合理的價格和合理的存在，希望能夠透過這本小冊子跟喜愛無印良品的你，分享我們設計創造產品的所思所想，感謝大家對我們的支持。

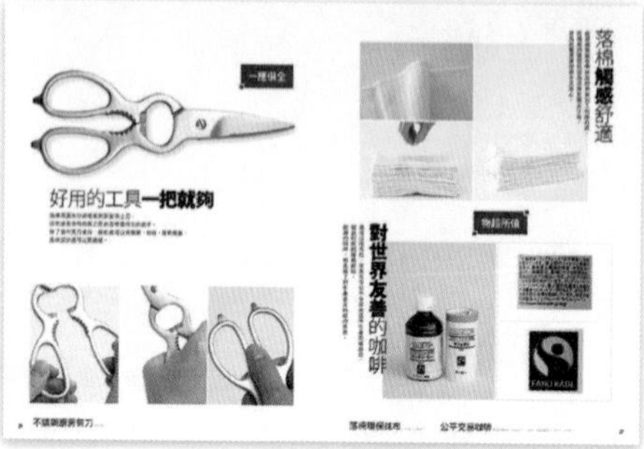

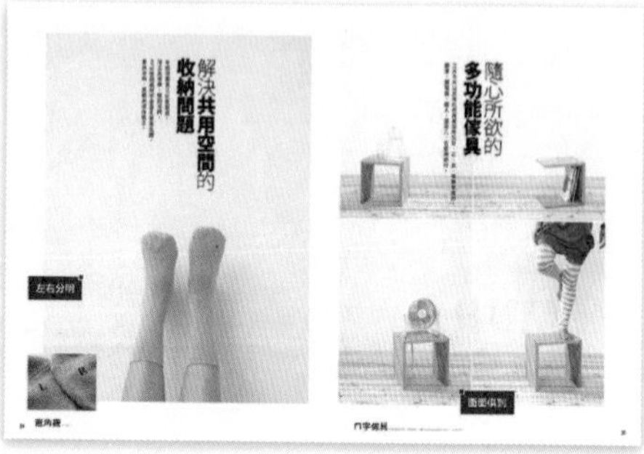

2009.06 / 無印良品輕快的旅行

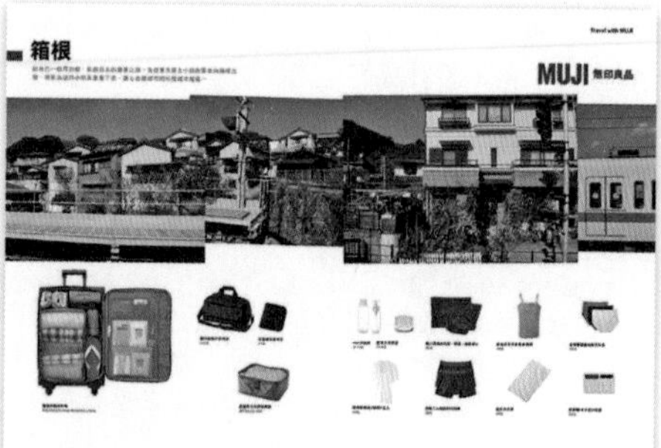

2014.04 / 無印良品十周年專刊

感謝無印良品十年前來台灣，讓這麼多無印愛好者可以在地購買；我更要感謝原研哉創意總監，您在二〇〇〇年之後為無印創作的哲學性視覺帶給我們的感動，持續激勵著我們在您的路線下往前；感謝深澤直人設計師，您的一言一語和許多的工業設計創作，啓發了我們對日常生活和純粹美學的認識；感謝從三十多年前無印良品成立就參與廣告創意的許多前輩們，你們任何一個微小和巨大的文字標題、版面線條和攝影手法，都是我們一輩子要去努力追求的……本次無印來台十年特刊的種種創意功課都是在你們的影響下進行，特別在此致意。

台灣寫實抒情的田野現場習作——三星農夫洗蔥・宜蘭的鴨亂跑・新竹高山蔬菜

二〇一〇年冬天《Shopping Design》打算製作飲食專題，這其實是個非常冒險之舉，因為當時設計雜誌的讀者並不認為食物跟設計有關，我打算在最前頭用「不一樣的視覺」給讀者一個震撼教育。

我和擅長做食物和農產品報導的外稿宋祖慈小姐討論，我們挑出三個採訪對象：在宜蘭種植三星蔥的黃木龍班長、費心培養豪野鴨的林和曄（也在宜蘭三星鄉）、在新竹尖石鄉種植高山蔬菜的泰雅族大男生西嵐馬賴。有了這三個主角，得想辦法怎麼呈現「他們」，我翻了一大堆外國雜誌和食物出版物，心底有個底：要拍出這些作物或原料的地理關係，千萬不能跟別人拍食物的方式一樣。我把參考資料給美

術和攝影伙伴看過後，親赴現場決勝負吧。

先去拍蔥農，蔥農黃先生很幫忙，仔細地跟我們介紹種植蔥和採收蔥的每個過程，攝影師敏佳很認真跟拍，但是一直沒拍到滿意的畫面，我跟攝影師開始感到焦慮，最後我們決定換個方式，請蔥農站到田裡面刻意地抓著蔥站著，攝影師用特寫鏡頭拍蔥農的手抓著蔥，終於中了。蔥農手上的紋理和蔥還沒洗淨的泥巴騙不了人，這是一張動人的照片。

另一天去拍豪野鴨，受訪者林先生是個有意思的年輕人，他對於我們這個雜誌派出兩個採訪記者（總編＋外稿寫手）和兩個攝影（攝影師＋助理）感到不解，他問我說，別人來頂多一個文字加一個攝影，你們為什麼要這麼多人？我沒跟他多說，哈拉兩句應付過去。我們會這麼做，因為畫面是我們最重要的工作目標，要拍到好的畫面，光有文字記者在可能不夠，所以身為總編的我得到現場；攝影要帶助理去，這不是新聞攝影的方式，而是廣告拍攝的思維，我們多半是拍場景，常常需要打燈，需要人手幫忙。

要拍鴨的時候，林先生又問我，需要把鴨抱起來或者跟鴨子互動嗎？我跟他說，應該不用，我們想拍的是你幫這群鴨規劃的好山好水好環境，為了把這個地理環境拍出來，你雖然是主角，但恐怕不能太巨大，因為你必須融在這個畫面裡才合理。

去尖石鄉拍高山蔬菜是另一種考驗，從北橫一路開上山的奔波是基本的，我們希望能拍出蔬菜生長的地方，這樣才能跟一般消費者在市場看到的蔬菜不同（其實產品是一樣的，但構圖和氣氛大不相同），也跟一般廣告攝影把蔬菜放在攝影棚巧妙打光的手法不同。微妙的是，海拔一千多公尺的山坡陽光跑得很快，攝影師設定種菜者站的地點沒拍幾分鐘光就跑掉了，我們趕緊搶拍才完成這次任務。

幾年之後回想，也許可以稱我們這種手法是某種台灣浪漫寫實路線，我們拍攝的對象都是真實在本地認真生活工作的人們，呈現的構圖和傳遞的情感非常主觀浪漫。很多雜誌同行滿羨慕我們這種工作方式，我都會說這其實是強調團體作戰的工作模式，用職業運動來比喻，就是奈許、奇德或保羅船長的美妙助攻搭配隊友的默契攻擊，或者棒球場上精彩的外野手長傳內野阻殺。

後來跟身邊朋友聊天發現，這一系列食物現場報導很多人都很喜歡，後來幾年我常常拿這個系列當作演講教材，可是這一期雜誌卻賣得相當不理想，這就是我在本文一開頭說的，在那個時候的台灣雜誌市場，設計雜誌不適合處理飲食主題，這件事在後來幾年很快就改變，好多雜誌（包括設計類）大量報導飲食相關議題，這是我學到的寶貴經驗。話雖如此，我非常懷念參與這系列報導的伙伴們，以及我們去宜蘭外拍還有北橫公路沿路的風景，長存心中。

C2 .15

寫採訪提問清單
就已經開始創作了

暫定切點和修辭策略

Dialogue on Workhood & Professional Passion

黃聲遠＋詹偉雄・對談建議問題

新建築／新田野／新實踐／新專業／新倫理……

詹偉雄代表 Shopping Design 雜誌發問

Q 首先請黃建築師談談田中央設計群的工作架構和歷史，我們覺得這是一個非常特殊的建築專業者的工作環境，它的氣氛比較像學校

（是黃建築師念過的粗獷東海建築系館的影響嗎），它的工作方式接近研究單位（商業氣息簡直低到毫不存在），它的氣氛似乎更像社團或同好會……

Q 聽說你規定每個新來的工作者要在事務所樓上的通鋪宿舍至少住一年半，才可以到外面租屋，這是一種員工福利還是專業訓練？

Q 你們事務所的同事關係非常緊密，是你刻意造成的嗎？

Q 請問黃建築師，你這十多年在宜蘭所參與的地景規劃和建築實踐（Landscape Planning），跟台灣社會認知的建築作品差距很大，是宜蘭這個地方的特殊社經背景所促成，還是你本來就打算成為這一個方向的建築師？

Q 在北京設計鳥巢的瑞士建築雙人組 Herzog & De Meuron，這幾年他們在世界各地發表許多新作，其實他們早期在瑞士的大本營巴賽爾（Basel）蓋了非常多非常多的作品，黃建築師你說過，你只在宜蘭蓋房子，我們很好奇你的理由是什麼……

Q 你們在宜蘭的工作方式似乎跟台北的建築事務所非常不同（穿最輕便的衣服和拖鞋，流汗就去路邊的水圳和湧泉泡個湯還能省冷氣電費），你們的設計師好像天天都往工地跑，而且你們好像花了很多時間和政府部門打交道，和當地的居民聊天，這是你希望的工作方式嗎？

Q 聽你講你的大宜蘭計畫，每次聽都聽得熱血沸騰，你現在手邊最緊張的是哪一個案子？

Q 你曾說過一段非常動人的話，你提到十多年前你到宜蘭展開你的工作，你和一群人共同努力，原本以為大家是為了創作作品才在一起，後來你發現其實作品沒那麼重要，是為了大家在一起工作的那股氣氛，你為什麼會有這種體悟？

（以上提綱先請建築師過目，歡迎現場即興……）

6 Q A for HTC Designers in SF & Seattle

Q1 Who are your favorite Rock Band ?
(For Example, You may Love Rolling Stones when you are teenager, now you can't wait to hear the latest album from The National……)

Q2 What is your best 3 Movies you want to recommend to your friends ?

Q3 What is the quality you like most in the city you live (SF or Seattle) ?
(For Example, supermarket's organic food, café around the street corner, Biking Friendly Road Planning, ……)

Q4 What do you consider your greatest achievement in your designer career ?

Q5 Where is your favorite spot / view in your working space ?

Q6 Which town or city or country you would like to visit in your next travel ?

Ringtone Composer —— Benjamin Bethurum

Q 你何時加入ＨＴＣ的設計團隊？

A 我在二〇〇七年時加入，之前我跟班佛一起在微軟工作，當他問我是否願意加入這個團隊，坦白說，當時我根本不知道ＨＴＣ這個品牌，但我覺得未來手機可以做的事很多，所以就加入了。

Q 跟我們分享一下你的音樂生涯？

A 五歲的時候，我開始學鋼琴，一開始還是用電子琴練習，我很喜歡音樂，高中時期還在家裡弄過一個小型家庭工作室，曾到日本留學，修過電子跟數學，後來還是覺得自己比較適合音樂這行，但我喜歡作曲勝過表演。

Q 你如何創作音樂？有什麼？

A 簡單來說，你可以把音樂分成 Loud／Soft，還有 Organic／Stylish 兩個面向所劃分出的四個象限，比如女神卡卡就是 Loud／Stylish 的組合，我們就可以從這樣的區分中，去找到創作的方向。對我而言，音樂就是一種個人的識別符號，甚至更能透過一個人的內在心思，特別是在手機的音樂更是如此，因為現在的手機不只是一個工具，而是相當個人化的配件。

比如一個穿著西裝筆挺，外表看起來嚴肅正經的男士，手機音樂卻是重金屬搖滾，這就很有趣了。所以我在創作的時候，會從主題出發，而且不只是來電的鈴聲，包括訊息提示聲、或是其他手機的聲響，都要一起考慮。不僅如此，我也需要針對 HTC 的廣告或是記者會等需求進行創作，因為品牌它也需要一種個性，就像想到英特爾「Intel Inside」，你腦中自然就會出現「登登登登」的音樂。

Q　你自己偏好那種音樂類型？

A　我所喜歡的大音量、大氣勢的音樂，不過並不適合放在手機裡，手機需要的是輕鬆（Light），但不吵雜的音樂。我們就發現，雖然大家偏好不同，但還是有某些相似性，比如 Red tea 的這種比較輕鬆一點的音樂，就還滿受到歡迎的。

User Experience Designer —— Drew Bamford

Q 你最喜歡的搖滾樂團？

A 年輕的時候喜歡 Led Zeppelin, 最近比較常聽 Band of Horses.

Q 你會推薦給朋友看的三部電影？

A 《蜜月危險期》（So, I Married An Axe Murderer）、《雷管》（Primer）、《銀翼殺手》（Blade Runner）。

Q 西雅圖最吸引你的部分是？

A 很容易就能接近自然山水。

Q 在設計生涯中，你最值得驕傲的成就是？

A 過去四年間，參與整個 HTC 設計文化的轉型變革。

Q 你最喜歡辦公室中的哪一個角落？

A 沙發區。

Q 下次旅行你最想去的地方是？

A 冰島的雷克雅維克（Reykjavík）。

曾經開過的
六堂編輯課大綱

第一堂課——如何發想有趣的封面故事。

光看這些雜誌的封面就覺得很酷：紐約這本半月刊《New York》、日本文藝春秋的運動畫刊《Number》和德國飲食雜誌《BEEF!》。讓我們一起研讀《Shopping Design》的幾個案例日本設計、家的設計、良品設計。

第二堂課——製作前如何田野調查，撰寫邀請稿和實際訪談。

要寫一封讓受訪者無法拒絕你、並且非常期待你的邀請信以《Shopping Design》的台南謝宅和宜蘭田中央建築事務所為例。

第三堂課——如何寫稿和編輯，以及該如何跟外稿開寫作規格。

寫稿牽涉人稱，編輯涉及圖片和版面，外稿作者需要你幫他思考。以《Shopping Design》的北歐設計、Uniqulo、莊祖宜超市文稿和馬世芳星巴克為例。

第四堂課——如何跟你的攝影師溝通。

當你在現場如何立刻做出判斷要攝影拍你要的畫面，Dialogue 系列版面，討論畫面時你需要的道具和背景知識。以《Shopping Design》的對談系列為例。

第五堂課——如何跟你的美術溝通。

《Shopping Design》的良品設計、唱片設計和空間設計的版型都值得看看，或者你跟美編一起看《Brutus》。

第六堂課——有能力拆解一本雜誌的結構，你就可以當總編輯。

多看些雜誌吧。

THE ERA OF LIFESTYLE MAGAZINE

3 生活風格時代的雜誌

Next Page

創辦生活風格雜誌的必要性

二〇一一年秋天我告別了工作五年的設計雜誌，當時我深深感覺雖然設計雜誌已經成為台灣重要的雜誌類型之一，但身在其中的我們已經看到本地既有雜誌的困境，好比說大型雜誌的無奈愈來愈強烈，零售下滑是當然的、廣告主愈來愈嚴厲、讀者很容易被數位工具分心。更讓我們感到可怕的，是包括我在內的許多本來很喜歡看雜誌的人，這幾年都覺得很痛苦，我指的並不是看進口歐美日外國雜誌這件事，外國雜誌還是很好看，還是很多好看的雜誌，只是台灣本地的看得愈來愈少。

身邊雜誌變得不那麼好看，是因為社會發生了兩件事，但是雜誌這個載體還沒來得及跟上所造成：第一，我們的雜誌類型都太正經了，看看國外的「主流」，生活風格才是重點，而且不只是社會精英的生活，是各種不同風格群落價值主張的多樣開展；第二，我們的讀者早就變得比編輯聰明厲害有見識，他們旅行過的地方次數多得嚇人，他們理解歐美日雜誌的編輯意境和欣賞能力遠高於本地編輯，他們一眼就可以看出這是公關公司通稿、這是廣告主的行銷伎倆、這是傳統概念下沒有新意的內容規劃，他們很可能懶得跟雜誌編輯說，他們直接選擇離開。

這是當時我們從設計雜誌轉進生活風格題材的關鍵點，二〇〇〇到二〇一〇年是台灣社會最關心設計的十年，接下來幾年社會還是會關心設計，但是不會局限在產品設計、空間設計、平面設計……而已，人們關心設計的領域會擴大，讀者還是關注設計議題和產品，但是包含更多生活風格的主題。如果這樣的推論成立，未來幾年應該會有更多的生活內容出現才對。

如果上面這些是理性的觀察分析，其實真正說服我放手去做的是感性的理由，就是我在二〇一二年四月《小日子》創刊號編者的話所寫

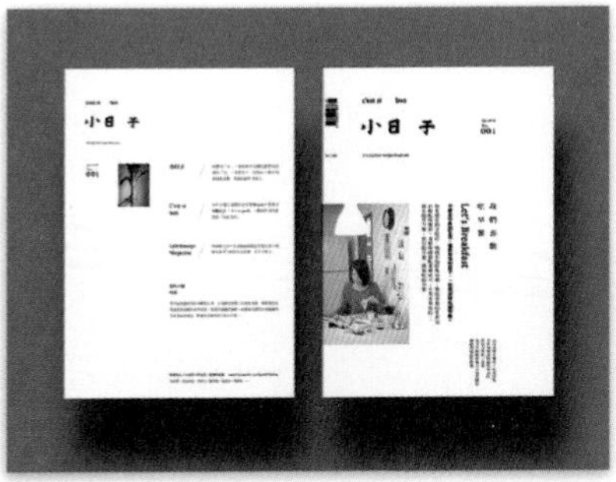

的最後一段，因為過去幾年我在台灣各地認識了好多好多兼具創意和實踐力的朋友們，例如蘑菇品牌那群兄弟姊妹、在台南生活創作開店的好卡們、本地獨立樂團許許多多的創作者，在宜蘭埋鍋造飯十幾年的田中央建築團隊、台灣各地巷弄裡的小店經營者……他／她們的才華和工作方式，讓我覺得用比較小而獨立的方式做雜誌，應該是有機會實現的事。

下面這十個問答，是二〇一二年三月《小日子》創刊前夕，我受誠品書店雜誌節之邀，收錄在《好讀．復刻特刊》的文章，針對《小日子》創刊可能會遇到的質疑和好奇所寫的文字，特別刊登如下：

Q1 為什麼是「小」日子，而不是「好」日子？請介紹《小日子》的定位和概念？

A1 所謂的「小」，是相對於台灣社會熱切追求的「大」，其實大不一定最好，好比說我們居住的城市究竟需要經營成功的連鎖企業，還是很多個人風格強烈的小店（食堂、咖啡館、雜貨鋪……），會更有意

思呢？我們想的是後者，所以用「小日子」來定位會比「好日子」更恰當，當然舒服快樂的小日子也是好日子。

我們雜誌選了一個法文Slogan「C'est si bon」，用英文來說就是「It's so good」，翻成中文的意思是「如此美好」。「C'est si bon」這個詞在一九五〇年前後是一首歌曲的曲名，有法文歌詞和英文歌詞，許多人翻唱過。我們覺得人們喜愛的是美好的事物，而不是最貴最有名最偉大的東西。

Q2 從台灣設計／生活風格類雜誌的發展脈絡，你認為《小日子》在《ppaper》、《LaVie》、《Shopping Design》之後創刊，有什麼獨特的意義？你的目標讀者是？

A2

二〇〇〇到二〇一〇年是台灣社會最關心設計的十年，這段期間出現了好幾本重要的設計雜誌，我個人認為接下來幾年社會還是會關心設計，但是不會局限在產品設計、空間設計、平面設計……而已，人們關心設計的領域會擴大，因此《小日子》定位是個「Life Design

Magazine」，它還是關注設計議題和產品，但是包含更多生活風格的主題。

Q3 多年投身雜誌產業，你看到集團化雜誌的瓶頸是什麼？你為何選擇獨立出來，用相對較小的規模、資源來做《小日子》？

A3 我的前一份雜誌工作是《Shopping Design》總編輯（二〇〇六到二〇一一），與其說是因為在主流環境前途茫茫，不如說我看到許多小單位的創造力和爆發力鼓舞了我。例如蘑菇品牌那群兄弟姊妹，例如台南投入老房子經營的朋友，例如本地所謂獨立樂團的創作者，他們的才華和工作方式，讓我覺得應該可以嘗試用比較小而獨立的方式來做雜誌。

Q4 從你對小日子的定位說明：「Life Design Magazine：懂設計·吃美食·愛旅行·聊建築·聽音樂·看電影」得知這是一本綜合生活雜誌，但時尚、設計雜誌甚至壹週刊都會涵蓋這類主題，《小日子》的選題、編排有何特色？如何殺出重圍？

A4

這是個牽扯範圍有點廣的複雜問題，我用簡單的方式回答吧。你難道不覺得現在多數雜誌傳媒的生活情資描述介紹，讓你愈看愈火大嗎？他們多半是被高層交代或照本宣科的結案了事，我常發牢騷說他們難道沒看過ＴＬＣ旅遊頻道或緯來日本台的節目嗎？

《小日子》的做法很簡單，找到喜歡這件事的寫手，請他／她照它的方式寫，我就是要你的偏見，編輯要做的絕對不是加油添醋，而是確保買到當季食材，讓有本事的廚師好好發揮。

Q5 請說明編輯部的企劃選題、工作方式和流程？如何在一樣架構下維持創意和新鮮感？未來三期的主題？你過去做雜誌的經驗對此有何影響？

A5

《小日子》在二〇一二年的規劃是雙月刊，四、六、八、十、十二雙數月出刊（特別說明，原來的規劃是雙月刊，創刊兩期後從七月調成月刊），從去年底開始籌備，我們先挑了早餐和生活空間這兩題來做。會選這兩個主題跟我之前在設計雜誌工作有關，台灣的讀者對生活空間主題非常感興趣，她／他們好奇別人怎麼利用空間使用空間；早餐這題，看是一個日常生活題，其實它同時是個旅行題，也是美好生活題，我超愛看旅遊節目介紹出國吃什麼樣的早餐，也很好奇別人會吃什麼樣的早餐。

我們的工作流程拉得比較長，因為內部人力很少，創造內容的人都在外頭，至少三個月前要把題目訂出來，然後開始討論切入點和製作方式，接下來就是約稿等稿催稿……。

Q6 雜誌，通常需壓低售價、衝大發行、依賴廣告收入支持，《小日子》的營運模式、廣告與通路策略是什麼？如何與國際中文版、時尚、生活風格雜誌競爭？你會為特定廣告客戶量身打造內容嗎？請舉例。

A6

我們不是跟國際中文版或其他生活類雜誌競爭，如果你是現有這些讀物的粉絲，我覺得我們未必適合相處。我覺得是有一大群對目前紙媒內容傷心透頂的讀者，過去幾年不再看雜誌買雜誌，我希望找到這群人。幫廣告客戶製作內容，我們正在嘗試中，有在看外國雜誌的朋友應該很了（《Monocle》和《Brutus》有很多精彩案例），業配和置入其實不是問題，麻煩的是我們常常看到腦殘拙劣的做法，我一直很希望能做看了不傷眼而且很有料的廣告置入。

Q7 你說，做雜誌、做 content 的人，是台灣最缺的。你說，好看的雜誌，不是先有路線、先有市場分析，而是要靠創意端、編輯端的天分和熱情。請你具體分享，一個好的雜誌編輯或創意人，應該具備怎樣的特質？如何養成？台灣的「編輯時代」還有機會到來嗎？你對年輕網路世代的觀察？他們有什麼樣的機會點？

A7

我們這個社會非常需要編輯技術和編輯意識，這個編輯不局限在雜誌編輯，我最常舉日本電視節目做例子，料理東西軍、男女糾察隊、全能住宅改造王……都是超級編輯力主導下的作品。編輯的能力可以被培養，簡單說就是從畫分鏡學起，拆解電視電影雜誌的畫面鏡頭，它如何安排敘事線、剪接畫面和聲音……。要先看懂好作品，才有可能做出好作品。

網路時代成長的人閱讀習慣跟上一輩非常不同，簡單說就是他們是多點閱讀，而不是單點按照順序的閱讀，這個深深影響了雜誌在閱讀線的規劃。年輕世代最強的是對影像和音樂的理解能力，他們的文字風格也不一樣，他們其實很適合創造出新類型的雜誌。

Q8 你認為現在台灣還缺少哪些類型的雜誌？在設計與生活風格雜誌之外，你還有哪些想做的雜誌類型？

A8

生活風格類雜誌太缺了，要註明，不是缺生活情報類，而是有想法的生活風格讀物——有想法指的是從題目設定、切入點、圖文構成、敘事設定……都有想法。我自己一直最想做的是運動雜誌啊，好多年前好讀就邀請過我提案如何做運動雜誌。這件事現在有人去做，就是李赫和詹偉雄大哥他們，祝他們順利。

Q9 請分享並描述你多年觀察，編輯力最強＋最具開創性的五本（可

更多）雜誌？（含中外）請說明你自己最喜歡、並且啓發你做《小日子》的雜誌？（含中外）

A9

《Monocle》和《Brutus》是一定要提的，他們提供了太多太多雜誌這個載體的頂尖藝術形式，《Monocle》的欄目規劃和內容設定看起來是給全球商業精英《Monocle》，其實它根本是個超級人文的生活誌，它們太強了；《Brutus》的主題設定和製作手法真的是雜誌教科書，強烈推薦想學編輯技藝的人能看幾本就盡量學吧。

其實上面這兩本是拿來拜的，沒那個本事學。我舉兩個歐洲小雜誌吧，雖說小，但它們的創意和態度，還是讓人覺得根本構不上邊，一本是西班牙的《apartmento》和柏林的《The Travel Almanac》，內文都是英文，這兩本誠品偶爾會有賣，但不好買，不好買的原因是因為他們都是接近書或Mook的雜誌，一年多半只出兩期。

《apartmento》的定位是 an everyday life interiors magazine，二〇〇八年創刊至今，目前有八期，每期超過兩百頁，定價十二歐元，它每期

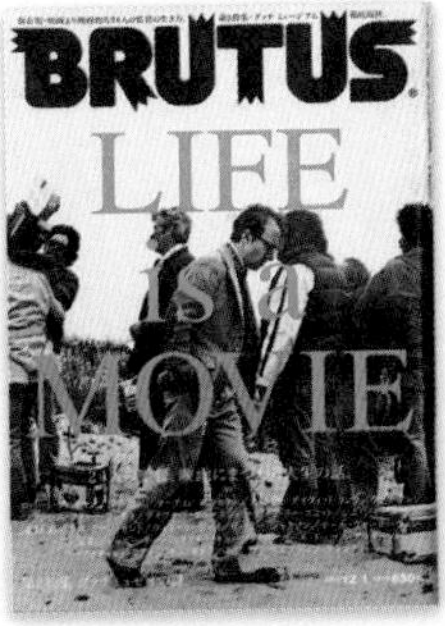

專訪十多個有趣的人，用QA的格式，搭配受訪者生活空間的風格照片，它的廣告主要是歐洲家具品牌。

二〇一一年才創辦的《The Travel Almanac》，一百三十頁，定價十歐元，現在只有兩期，它的定位是找全球各地（主要是英語系國家）的創意人談旅行經驗，內文採用QA的格式，圖片很詩意人文用QA的格式，用紙裝訂很有手感。

Q10 數位媒體（網站、APP、免費下載、營銷）對雜誌、紙本出版都有很大衝擊，請問你在這部分的策略和因應？

A10 哇，這個我們同事負責在想，現在應該不適合說。

C3 .2

創辦新雜誌很重要的技術問題

——美術形式、雜誌刊名、修辭手法

一本新雜誌的創刊，在內容上有三件事非常重要，如果一開始沒設定成功，應該就毀了，這三件事分別是美術形式、雜誌刊名和封面故事修辭手法：美術形式指的是開本尺寸、裝訂方式和用紙，《小日子》的尺寸比台灣主流週刊的通用尺寸21cm×28cm略小，而且刻意窄一點，讓雜誌的身形修長一些；裝訂方式我們採用膠裝，和《Shopping Design》的騎馬釘相比，膠裝更斯文莊重一點；至於用紙一開始就沒打算用亮面的銅版紙（這個設定不只跟讀者的閱讀感受有關，跟攝影處理圖片的拍照設定和美術調色很有關係），希望用素樸質感的紙呈現生活的家常感，這部分真的是聶永真和陳敏佳幫了大忙。

還有雜誌命名和整體視覺規劃更是關鍵。可能很多人不知道，《小日子》這個命名是馬世芳（從大學認識至今的好友和戰友）貢獻的，二〇一一年下半創刊前那幾個月，我和創刊主編楊芩雯（過去《數位時代》、《Shopping Design》共事過的認真伙伴）常常跟兩位編輯顧問葉美瑤（新經典文化的發行人，大學時代我編校園刊物時認識的老同學）和馬世芳一起開會討論新雜誌，這個刊名就是某次傍晚的會議馬世芳提出的。

美瑤提供的幫助很多是不經意的，有一次我在她的辦公室拿到深夜食堂這系列出版品的小傳單，正面的大標是「深夜食堂暖心開張！」搭配的視覺是一個灰撲撲辦公大樓中間的一個暖亮屋子，傳單背面的文案是「下班後的深夜，總有個地方等著你光臨，吃飽了，心暖了，明天也請繼續加油！」我看了許久終於讀懂它的意思，《小日子》如果要成，它一定要扮演那個城市中充滿情感讀物的那個角色，就好像深夜食堂不只是漫畫、不只是電視劇、不只是一道又一道的晚餐，它們都是現代人情感的依靠。

《小日子》能夠順利創刊，他們真的幫了很大的忙。後來美瑤因為

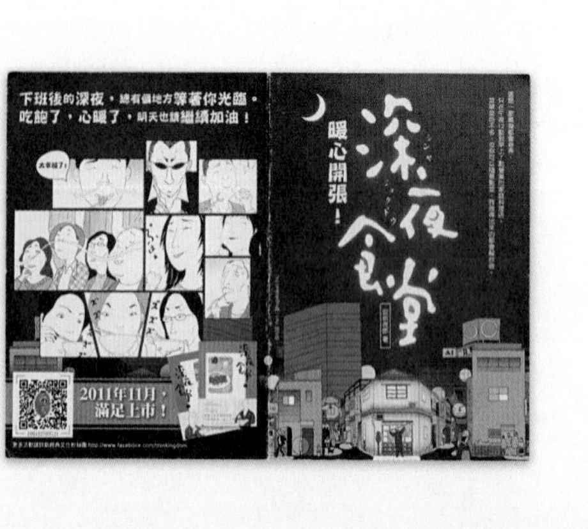

深夜食堂傳單

在美瑤辦公室拿到的傳單啓發我很多，《小日子》如果要成功，它一定要扮演那個城市中充滿情感讀物的那個角色，就好像深夜食堂不只是漫畫、不只是電視劇、不只是一道又一道的晚餐，它們都是現代人情感的依靠。

自己出版社的事業愈來愈忙，不好意思一直去打擾她，馬世芳自己的寫作邀約和各式通告也很滿，他能夠固定每期幫《小日子》寫一篇專欄，真是讀者的福氣呢。

《小日子》整體視覺規劃是聶永真的才華展現，他設定了刊名Logo、封面和內頁主版型，上面提到的尺寸、裝訂和用紙也是他出的點子，真的是太感謝他了。至於每期的視覺執行則是由年輕設計師黃思維負責，推薦他加入《小日子》設計工作的美瑤，過去一兩年台灣許多厲害的書籍封面和音樂專輯視覺表現都是思維的傑作。除了他，過去《Shopping Design》時期的美術主編賴季屏小姐正好在那段時間成為自由工作者，她每期固定分擔若干頁面的工作。

新創刊的雜誌不僅要把上面提到這些基本事做到，最好還要在創刊號推出一個大家都喜歡的封面故事（做對這麼多事，還不一定會賺錢呢），《小日子》選擇推出「我們喜歡吃早餐」，當時其實我們準備了好幾個主題，經歷跟行銷同事們好幾次的討論後，決定要用早餐先發，如今回想，我們至少做對這三件事：

第一，選擇早餐在生活形態的意義上是對的，特別是週末的早午餐是許多年輕人的人生大事，有感染力；第二，早餐的視覺呈現非常適合小日子的調性，如果是宵夜吃火鍋，顏色濃烈場景複雜，不適合一開始定調階段推出；第三，修辭正確，「我們」和「喜歡」這兩個詞很重要，早餐這個主題每個雜誌都可以做，財經雜誌來做，會是早餐的營業額跟餐飲業的關係，職場雜誌做早餐會關心吃對早餐上班效率高，健康雜誌做早餐注意的是吃對早餐對身體好……，生活風格雜誌，例如《小日子》做早餐管你那麼多，我們就是喜歡吃早餐啊。

在這篇文章的最後，我把創刊前發想過程的一些隨筆文字跟大家分享，創辦一個新雜誌真的是件很迷人的事：

日常生活藝文食堂

小寫的人生才像自己

幸福的日子來自微小事物的純粹

真誠的創作才動人

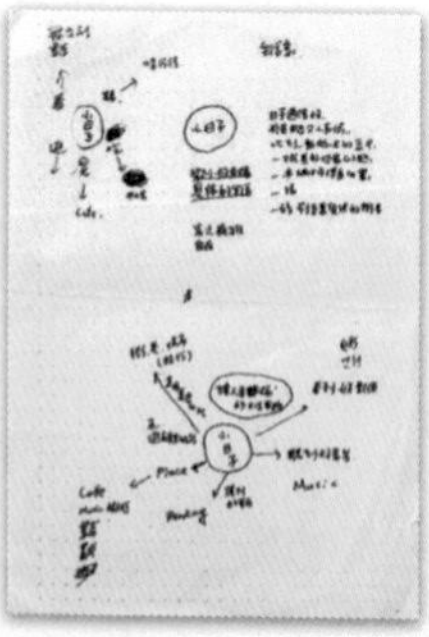

微小的具體的幸福，在每一天
藏身都會巷弄，你我心中渴望的藝文食堂（酒吧）
多創作・搞影像・瘋音樂・愛做菜・常旅行
吃穿・聽看・街巷・晃蕩・讀寫

小日子 my good day

小生意・小房子・小館子・小旅行・小感性・小評論・
小演奏・小生活・小出版・小旅館・小食物・小包裝・
小聚會・小場子・小活動・小展覽……小而獨特的人生

小日子 my wonderful time

關於一條街，一道菜，一間店，一本書，
一首歌，一個表演，一場電影的個人意見

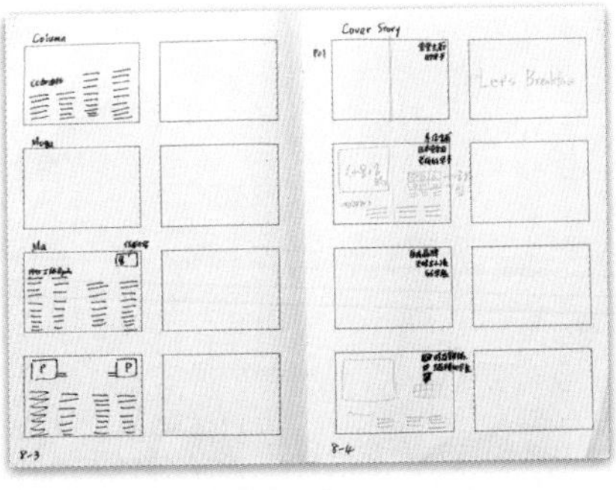

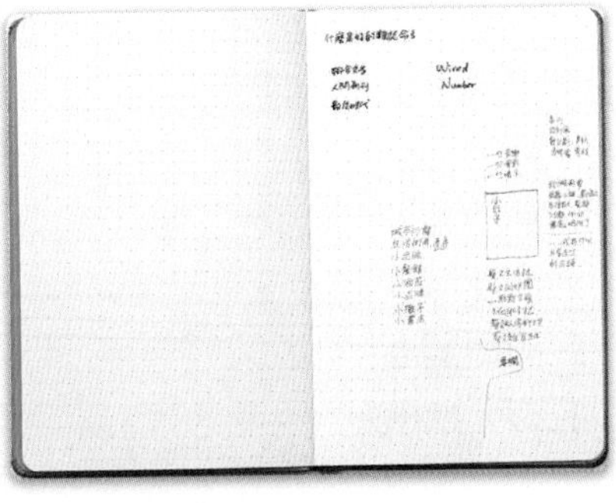

小日子

my good day in town

我聽的歌．我讀的書．我逛的街．我住的城

．我待的場所．我看的電影．我過的生活

C3 .3

外部寫作者是這本雜誌的靈魂人物

前一篇文章提到一本雜誌的美術形式、雜誌刊名和修辭手法很重要，不過千萬別以為搞定這三件事就妥當，以《小日子》來說，我個人認為每期撰寫文章的外稿寫手們，更是讓這本雜誌有靈魂深度的關鍵。

就拿創刊號「我們喜歡吃早餐」來說，大家都把焦點放在封面故事，但是我認為形成一本新雜誌的調性風格，基本欄目的設定更重要。《小日子》最前面的欄目是「一件事」，這個欄目的概念和它的作者群，才是定義這本雜誌樣貌的基礎。「一件事」究竟是什麼意思呢？我覺得這段放在Open頁面的文字是理解《小日子》最重要的線索了。

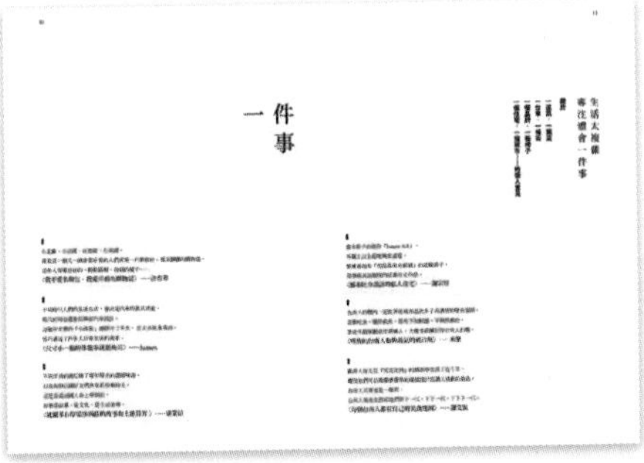

生活太複雜，專注體會一件事，
關於一道菜，一間店，一台車，一條街，一個品牌，
一張椅子，一個住宅，一個城市……的個人意見。

創刊號的一件事邀請了哪些作者來寫稿呢？第一篇是許育華寫的「一個袋子——我不愛名牌包，我愛用棉布購物袋」，許小姐曾經在《美麗佳人》和《GQ》長期工作，我認識她是在《Shopping Design》後期，她離開上述那些國際中文版當自由工作者的階段，邀請她這樣一位曾在時尚雜誌打滾、後來「從良」的知性女子在《小日子》創刊的第一期寫這樣一篇文章，充分協助這本雜誌定調。她的文章提到「……在北歐、在法國、在德國、在英國，我看見一個又一個穿著好看的人們背著一只軟軟的、甚至髒髒的購物袋，這些人有種自在的、輕鬆隨興、自信的樣子。」這樣的生活態度就是我們想在這本雜誌推動的，因此我認為這篇文章是創刊號極為重要的文章之一。

此外這篇文章的配圖，我麻煩育華仿效《Monocle》處理物件的手法，把購物袋放在背景單純具有質感的地板拍攝即可，這個工作方法

其實是為了降低物件翻拍的攝影預算，簡化工作流程。當然從廣告客戶開發的角度來看，這篇文章在創刊號第一期一出現，等於是跟那些在時尚雜誌登廣告的精品客戶宣戰，面對這樣的質疑（相信我，十個業務有九點五個都會跟你抱怨），我的回答是：「你以為不登這樣的文章，人家就會喜歡你，錯了，他們根本就是不鳥我們；刊登這樣主張明確的文章，也許真的就得罪某一群很有預算的人，但也許會讓另一群跟我們有同感的客戶發現我們，進而喜歡上我們。」

接在一個袋子後，我邀請了從《數位時代》時期就和我合作愉快的汽車寫手James幫忙，寫一篇「一款車——尺寸小的休旅車就夠用」，James是我早年在《GQ》打工認識的好卡，《Shopping Design》時代的汽車文章都是他採訪我編輯的合作模式，他聽我說《小日子》想表達的方向，爽快地提供適合這個族群的迷你休旅車介紹文；接著是「一個酒莊——波爾多右岸蒙洛酒莊的故事」，撰稿者盛業信是我當兵時期認識的怪才，歷史系畢業的他後來去法國拿到博士，留法期間吃喝體驗很多，除了跟學界知識精英混還去鄉下酒莊交朋友，回台之後除了教書還從事葡萄酒推廣工作，我推測《小日子》的讀者可能不是那種有預算買很貴的酒來喝的人，但是他們對酒的知識和歷史應該

很好奇，因此不能找太市場導向的寫手來寫，而是像業信這類走知性路線的歷史專業人士更恰當；再來是「一間房子——藤本壯介設計的私人住宅」，這房子當時被《Casa Brutus》報導後很紅，我邀請在亞洲大學任教的謝宗哲老師寫篇導覽文章，宗哲老師從二〇〇九年二月號《Shopping Design》日本設計第一集和我認識之後，成為我日本建築題目的重要導師，他毫不囉唆答應撰稿。

細心的讀者可能會發現，《小日子》創刊號的總頁數是一百一十六頁（包括封面封底），第二期之後調整成一百頁，當時的想法其實是把第一期做好，份量多些內容更豐富，把第一期增量的成本當作行銷推廣費用，因此在前半本的一件事和封面故事的篇幅都比較多。

創刊號的一件事還有「一道菜——涼拌萵苣筍」，由莊祖宜提供文章和照片，在《Shopping Design》的食物特輯訪問過她，她知道新雜誌的路線後分享簡單在家做菜的建議，照片拍得純粹乾淨，我一收到稿子和照片覺得這些外稿寫作者真是比我還更了解《小日子》想做的事；「一種食物——味美鮮甜的車城洋蔥」，特地找了先前在《鄉間小路》擔任編輯的沈岱樺，她對本地當令食材很了，本身又具備文字

和拍照能力，找她就對了：「一張椅子——義大利品牌 Magis 作品」，這篇其實是要測試《小日子》的讀者對設計議題的好感度，我找了做設計雜誌時配合過的寫手麥克雞塊（這是他的筆名），請他協助。

一件事的最後，我想作個隱形的特別企劃，雖然是分別的三篇文章，但其實是我對台南的深情投射：邀請作家米果把她準備要出的台南書寫作品先給我們刊登一篇「嗜魚的台南人」，民宿經營者謝文侃的「謝宅三代美食地圖」，再加上在台南長大念書的宗哲老師這篇「深夜在台南市中心散步」，這三篇就是我先前幾年在台南深受啟發的幾個路線，這三位好友理解我協助我讓《小日子》的讀者看到了真性情的好文；最後一篇則是「一個展覽——去安古蘭山城看漫畫展」，由前《誠品好讀》編輯江家華撰稿，這篇邀稿是我設定的藝文主題嘗試。

大概就這樣子。雖然很難百分之百的說《小日子》創刊號的熱賣跟一件事這個欄目有直接關連，但我認為第一期的約稿演練和路線設定，讓這本雜誌的定位更清晰、運作模式化。在第二期我們製作了一頁的「文字式廣告」，感謝這些共同參與過的外部寫作者，因為有他們才有這本精彩的雜誌。

這些伙伴一起創作了小日子……

我撰寫的這批創作者簡介，常常被我拿來當作上課教材，我覺得要介紹一個人的介紹方式能夠反應你的立場和角度，因此不同的雜誌介紹一樣的設計師或作家應該是不同的寫法。

聶永真

設計師．常常都有代表作

負責小日子的標準字、封面、主版設定。

黃思維

新銳平面設計師．注重空間整齊

忙著做專輯包裝電影海報書封，還有雜誌。

陳敏佳

知名攝影師．重機騎士

安排通告最好能結合路邊小吃和泡湯。

馬世芳

樂評人・迪倫叔的好朋友

寫搖滾樂文章之外，對雜誌編輯想法很多。

葉美瑤

出版人・創業老闆

懂得挑書，更厲害的是知道如何跟作家當朋友。

張嘉行

蘑菇創辦人之一・中年文青

覺得台北到台東開車很近，一年好幾次來回。

吳明益

作家・東華大學華文文學系副教授

有時寫作、畫圖、攝影、旅行，副業是文學研究。

莊祖宜

天天做菜的飲食工作者・現居上海
廚房裡的人類學家，是她第一本書的名字。

劉梓潔

寫散文、小說和劇本・喜愛旅行
有空就出門，最近去了尼泊爾、京都和雲南。

Asana

十年東京都民・昔日漫畫編輯
寫過評論翻譯過漫畫，現在天天擠通勤電車加班。

Orbis

The Wall Music 執行長・常在辦活動
努力推動台灣獨立音樂發展與國際音樂接軌。

江家華

報社文化記者・熱愛紙本出版

渴望去世界各地觀看視覺創作者的驚人之作。

許育華

設計美食旅行寫作者．現居柏林

待過好幾本國際中文版雜誌，未來考慮開店。

謝宗哲

建築寫作者．東大建築博士

忙著教書也忙著關心日本建築的最新動態。

米果

自由寫作者．台南出生長大

不隨便接稿的寫手，有稿給我們是讀者之福。

謝文侃

台南謝宅屋主．改造老房子

歡迎大家去台南玩，不要趕一定要住下來。

沈岱樺

《鄉間小路》編輯・關心食材

把農業刊物變成有fu的風格雜誌，很有本事。

葉雲甫

資深唱片人・樂評人

近幾年在中國及台灣飛來飛去，跨城文化觀察很多。

陳德政

搖滾樂書寫者・重度旅行卡

很少有人可以這樣聽過就認真寫下來。

陸君

StreetVoice 網站的太后・養三隻貓

混跡許多已消失與正火熱的音樂表演現場。

Smoky

插畫家・設計師

一九八二年次的高雄人，主要從事動態影像創作。

傅月庵

茉莉二手書店店長．蠹魚頭

寫作者與資深編輯人，讀許多許多書，書評很好看。

陳柔一

影展工作者．宅女

沒簽賣身契卻也癡情地在影展界打滾了超過十年。

James Tsai

資深汽車寫手．現居羅東

每年出國試車好幾次，時差很困擾。

盛業信

葡萄酒愛好者．法國歷史學博士

會挑酒，還會說酒，喜歡找好友一起品酒。

C3.4

感謝台灣有這些小店 我們的雜誌才會這麼好看

這篇文章嘗試要說明兩件事：第一，如果沒有厲害的店鋪可報導，生活風格雜誌的編輯再有本事也沒用；第二，根據我的經驗，太多太多的好題目不是坐在辦公桌前上網和窩在會議室討論出來的，而是去跟有趣的人閒扯激盪而來的。《小日子》創刊之後那個週日我去台南和台中發生的事，正好可以說明。

二〇一二年四月第一本《小日子》順利誕生，第一個星期日早上七點我立刻南下，去跟這幾年幫助我最多的台南伙伴們當面致謝，請他們針對新雜誌批評指教。我先到了台南市公園路八號的「奉茶」，和一個第一次見面的外稿朋友吃中餐，談的是下一期可能的幾篇報導，

剛忙完上一期雜誌立刻就得開始規劃下一期的內容，是編輯工作的宿命。

中餐吃完，我前往正興街，這幾年因為幾個新店鋪的加入大大改變了這條街的氣氛，從西門路二段轉進之後，先是有佳佳西市場旅店，若是愛吃小吃的人在國華街這個路口通常直接左轉先來一份小卷米粉，再到斜對面吃份蝦仁肉圓，比較餓的人鑽進市場去找阿瑞意麵，建議點乾麵加滷蛋，搭配魚丸湯（在台南的小吃攤和火鍋店不可錯過店家自製的各式手工丸與餃類餛飩），吃過這些鹹食，多數人會選擇江水號的八寶冰作結尾。

正興街和國華街口，當時剛開了「正興咖啡館」，劉國滄建築師的工作團隊把這棟老房子翻修成摩登的生活空間；正興咖啡館旁邊是間傳統米行，米行旁邊是謝宅主人謝小五去年底開的「IORI 茶館」，去過的人都極為讚嘆這個空間怎麼可能如此逼真的再現二十世紀初期日本「大正時期」的沙龍風貌；再來就是賣霜淇淋紅翻天的「蜷尾家」，這間店過去幾個月似乎天天都有人排隊，因為我個人對冰品毫無研究，就不多提；還有就是賣 T 恤的「彩虹來了」，其實老闆 Erik

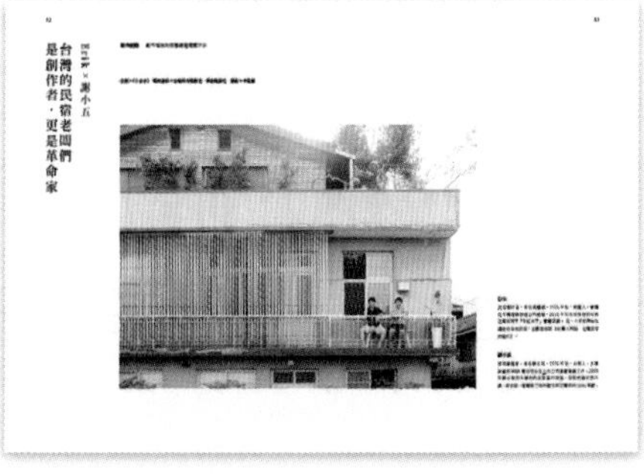

販賣的溝通根本不只是T恤，他三年前從台北南下開店（《Shopping Design》當時就跟拍他），利用這個小店的空間做了許多有意思的事，例如辦攝影展、邀請設計人座談、辦電影討論會。

上述提到的這些店和這些人，都曾在我的雜誌工作中扮演相當的角色，那個週日其實我並沒有事先跟他們每個人說：「這個週日我會去台南找你們喔，我會親自拿新雜誌給你。」我就是一家一家的路過，人在就打招呼面交，人不在就請同事轉交雜誌寫張紙條留話。情感上，台南這些朋友所在的這塊地方，才是啟發我做生活風格雜誌的心靈主場。

星期一早上，我被在台南出生長大的建築系老師謝宗哲帶去府前路一段吃菜粽，宗哲老師最常虧我們這些外地人：「你們到台南到底吃些什麼啊？」然後隨口就會說那條路上的什麼什麼，讓我們覺得日子統統白過，台南根本沒來。

離開台南前往台中，要去找實心美術的明華姐和王老闆，我已經打擾他們好幾個月了，在《小日子》籌備階段，我就在構思一個「日常生活城市晃蕩」的專題，但是我一直找不到適合的區域報導，寫了好幾封信跟明華求救，希望她能提供我解藥。那個週一下午，我和他們兩位坐在實心美術一樓聊天，跟她們說前一天我在台南發生的點點滴滴，小五和 Erik 都是共同的朋友，很多事其實不用太囉唆，稍微點到彼此就了解。到了傍晚，明華說你就跟著我們去散個步吧，我介紹你認識旅人之森的 Joying，也許你就知道這個題目該怎麼做。

那天下午我在台中大容東街散步之後，啟發了我做了《小日子》六月號「適合晃蕩的城市村落」。我在當期的編者的話提到，我們希望找到人們喜愛過日子的區塊，介紹有意思的城市生活。要發現這些好玩的事，其實就是要找到那個區域有才華、有脾氣、有個性的人，他們做的事和開的店通常都很有意思，因為有他們的存在，才造就了這座城市的迷人……若是想去拜訪他們的店鋪，請你尊重他們的個性和脾氣，才能真正享受他們的才華和創意，千萬不要一副去觀光景點買紀念品、理所當然拍照取景的行為，拜託大家了。

威融在台南謝宅現場採訪 Erik

那年後來，實心美術辦了這兩個系列有趣講座

台中實心美術在那年（二〇一二）夏天的週六下午（只有我是週五晚上），在他們工作室樓下的實心裡生活什物店策劃了「我做了一本雜誌」和「我開了一間店」系列講座，我覺得這兩場座談企劃是回應台灣需要生活風格內容的最佳延伸，他們的主張是這麼寫的：

我做了一本雜誌。
這些文字在過日子的某個時刻
給了與生命對照的應和
或是同去過的一間小店
或是同樣喜愛的某件逸品
或是聽同一首曲的悸動
或是吃食同一種味道的記憶
不管如何
真心謝謝這些在雜誌裡奮鬥的人，
在我們的日常，寫出這麼多不平凡，

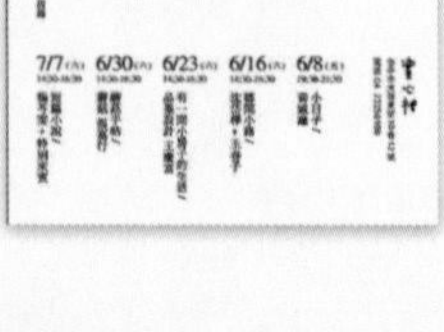

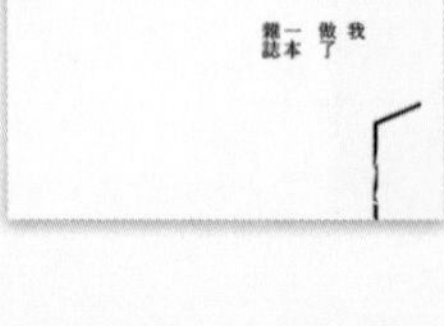

實心美術活動傳單

然後，我們在字間讀到
像自己的
可以嚮往的
　另一種生活

他們用心做了一本雜誌
歡迎你們一起來聽／聊他們走過的這一段路

「我做了一本雜誌」系列座談，我是第一場的主講人，第二講是曾在《鄉間小路》當編輯的沈岱樺和美術王春子，第三講是品墨設計的王慶富，第四講是《蘑菇手帖》的主編張嘉行，第五講是當時還在《短篇小說》的傅月庵和楊芩雯。

雜誌座談之後，實心美術再接再厲策劃了「我開了一間店」，說明文字如下：

我開了一間店

想開一間店是夢想

開了一間店是實踐
開過一間店是歷練

這些人傾倒生命的所有，
以熱血開始一條自我摸索艱辛的開店之路。

有人就此，人生崩壞，
也有人在這裡找到生命的價值與定位，
這一條路，時而寂寞時而快樂啊！

他們用心開了一間店，
請來聽／聊五位朋友們的開店之路，
也請來給他們祝福，為他們加油！

「我開了一間店」第一講是「溫事」的Rick和米力，第二講是「撥撥橘」的李瑾倫，第三講是「彩虹來了」的高耀威（Erik），第四講是「小英商號」的阿潼和魏廣文，第五講是「Akumacaca Cafe + A house Café」的王詩鈺。那年夏天真是讓人難忘啊。

內容想像啟發我很多的松浦先生

知道松浦彌太郎這個人，應該是二〇〇七年上半我在書店晃來晃去時不經意發現了《最糟也最棒的書店》（布克文化，二〇〇七年初版，二〇一三年復刻紀念版）這一系列「小書」（怎麼個小法，稍後會說明）。那時候的我，跟幾位伙伴開始製作《Shopping Design》這本「設計採買誌」，剛當上一本真正雜誌的總編輯的我（大學時代那種校園刊物不算的話），根本不太知道要怎麼編一本好看又暢銷的雜誌。

我記得那時候的我常常在便利商店的雜誌架前面發呆，看著各式各樣的雜誌，希望能掌握市場的氣候，或者我在書店的設計書區附近亂翻亂逛，也許能讓我想出積極往前的好點子。就在這個時候，我意外發現了《最糟也最棒的書店》，這本書裡面提到的許多故事，讓我覺得前面的道路寬廣得很。當時我內心的對白是，要往前走不能只看目光所及的路標，得看遠方沒有目標的天空才行吧。

前頭提到，這幾本書是「小書」，它們實際的物質尺寸並沒有特別小，所以所謂的小是精神上的小和感受上的小——我喜愛它每本書不到兩百頁的內容（〇六年是一百五十頁，新版是一百七十二頁），長寬尺寸適中，輕盈就手；我喜愛它書封正面和書背出現的書名選字，以及封面所選木頭材料感受和溫潤色彩的圖案……以上是設計面。

我喜愛它內頁的文字排版方式，一欄直排的長文字，下方四分之一留白當作專有名詞解釋，這幾本書下方的名詞解釋後來被我指定為新進編輯的教科書；我超級喜愛這幾本書第一人稱的直接敘述法，傳達出口語的親切感，每個段落不會超過一整頁，閱讀起來很輕鬆……這些是編輯面。

《最糟也最棒的書店》裡我最愛讀的是每一頁下方的名詞解釋，有的是介紹雜誌的身世，有的是說明店家的故事，有的是解釋品牌的歷史……都是我們這種人感興趣的文藝事物，很貼心很好看。如果你是對雜誌編輯有興趣的讀者，請你一定要仔細讀P111-126松浦先生的文字，他把怎麼「看」雜誌這件事說得很清楚。

感謝松浦先生企劃了這麼一系列書，還有這麼多熱情分享朋友的創作；感謝江明玉小姐的翻譯（其他幾位也很重要啦），這麼幾年總在不同的日本翻譯作品中巧遇；感謝寶大協力（就是創立蘑菇的朋友啦）的設計功夫，這套書是我佩服你們的起點；感謝布克文化當年就這麼有勇氣出版了這系列書；感謝當年支持過這套書的每個讀者們，包括我自己，因為我們共同的支持，讓這系列書有機會再復刻出版。

對了，松浦先生《最糟也最棒的書店》這本書到底拯救了我什麼呢？他的故事告訴我，就是去做自己喜歡、並且最擅長的事，如果你適合穿T恤牛仔褲自彈自唱，就不要去想化妝穿名牌扮成偶像歌手的模樣，大概就是這樣。所以後來我們的設計雜誌跟人家做的都不太一樣，這樣就對了。感謝松浦先生，因為這套書，讓當年剛創辦新雜誌的我，不感到孤獨無助。

順著這樣下來，二〇一一年底我想要創辦《小日子》時，最開始的想法就是做一本放在架上很素雅、用心化淡妝的雜誌，我覺得台灣已經存在太多濃妝艷抹、選用銅版紙的印刷品，應該需要不一樣的才對。不過，要改變多數人既有印象向來不是件容易的事，參與前期討論的相關同事們擔心小日子這個主張很冷門，到底是講設計還是食物還是消費……光看雜誌名和封面根本看不出來，出刊前我去跟負責通路銷售進行新品報告時，在樹林超大工廠空間樓上辦公室上班的承辦小姐，一語點出我們的方向，她告訴我，你們這本雜誌應該是個性主廚私房料理路線，千萬別做成大眾連鎖餐廳路線。這段話拯救了當時陷入困境的我，事隔好久我還記得傍晚回程站在北上台鐵車廂的我激動的心情。

可能是因為大家覺得我做的這些雜誌跟松浦先生的主張有點搭，這幾年松浦彌太郎在台灣出的新書又不是普通的多，好幾個出版社找我寫推薦文，寫著寫著好像自己是松浦先生見過面聊過天的朋友了。例如這本《松浦彌太郎的100個基本》（悅知文化，二〇一三年六月出版），我稱之為「輕鬆的散文，動人的人生，實用的教材」：

在這本書裡松浦彌太郎寫了兩份一百條筆記：一組關於做人處世，

一組關於Cows Books店規，我覺得非常好看，很想推薦給充滿創意、但對目前的台灣社會感到無奈的年輕朋友們，推薦之前我覺得有幾個前提要跟大家說分明。

首先，大家要知道松浦先生奇特的人生經歷：他的學歷不好，高中休學去美國流浪；回日本後他沒有選擇賺錢的工作，而是把他在美國期間蒐購的舊雜誌和上了年紀的舊書，搬回日本開二手書店；他到了四十多歲接手日本老牌生活雜誌《暮しの手帖》擔任總編輯，做自己喜歡而且相信的事；然後啊，松浦先生還寫了很多隨筆散文出書……這些事，讓生在台灣長期從事編輯和出版工作的我非常羨慕。

再者，我提醒大家要注意台灣引進松浦先生著作的時間是從二〇〇七年開始，他所寫的《最糟也最棒的書店》，提到許多事都是台灣社會忽略掉的，例如二十世紀上半好看的歐美雜誌，厲害的時尚雜誌攝影師，日本文學圈好看的日常散文作家，世界各地有特色的二手書店……這些藝文事物在台灣總是被歸類成對社會無貢獻和經濟產值無關的死文青偏愛，其實在歐美日社會這些都是很普遍的基本常識，就是因為他們的社會重視這些，所以紐約會有很多創意人和藝術工作者、歐陸的巴黎柏林布拉格會有那麼多在咖啡館晃蕩的文化人、日本境內有許多細膩出色的小型店鋪……因此人家有本事靠生活形態和品牌價值賺錢。

或者更直截了當的說，松浦彌太郎的人生根本不是我們這個社會鼓勵的。不過看到這些年松浦的書大量被引進台灣，我覺得是我們這個社會渴望改變、但不知如何改變、因此對外求援的訊號。

很高興現在我們又多了一本松浦先生的書可看，一百組做人處世的筆記，我覺得是每個做創意和設計工作者必讀的教材；一百組書店的筆記，則是開咖啡館民宿特色商店的零售業工作者的教材，趕快找來看吧。

特別把這幾篇文字整理在一起，其實是深切感受到我所身處的社會脈絡和人生狀態似乎都跟松浦先生有某種奇特的連結，而我是真的很羨慕他這幾年的成就呢。當我一看到他這本《輕聲說再見》（悅知文化，二〇一三年十二月出版），讓我再度心生羨慕：

松浦先生是我的偶像這件事，應該是不需要再去強調的啊！他年輕時就去美國流浪，開很酷的二手商店，中年接手老牌生活雜誌當總編輯，近幾年認真寫作出書……這都是我一直想做、但沒做到（或者說做得不夠好）的理想模樣。

這次看到《輕聲說再見》的內容，再次把我擊倒：為什麼他能這麼優雅而準確地描述出他眼中的人·事·情·物呢？在我看來這是一本寫給全世界的情書，「全世界」指的是他把年輕時期在各國各地遇到的人跟事都寫進來了，「情書」則是他選用的文字形式，他用平鋪直敘淡淡的筆調訴說他其實挺濃烈的感情呢。

看完這本書，讓我回想起曾帶給我創作靈感和人生體悟的許多回憶和往事，真希望能夠像松浦先生一樣寫出這樣的書，能成為這樣的書的作者是這時此地的我最羨慕也想去完成的事。

最後我給自己的期許是，追隨他的腳步，繼續編出好看的雜誌，並寫出舒服的散文集。加油。

詹大哥黃社長和我
在誠品信義店那晚聊的事

這篇文章整理自二〇一二年四月七日週六（22:00-23:30）誠品雜誌節「小雜誌的逆襲」座談會，與談人分別是當時擔任《小日子》總編輯的黃威融、《練習》雜誌發行人兼總編輯黃俊隆和詹偉雄。由於我們三個私下原本就是會互相哈拉的朋友，所以就沒特別安排主持人，當晚的流程就是每個人輪流主講一段，然後要互問對方一個問題，被問的人要接球作答。

感謝那天晚上出現在誠品書店信義店三樓的朋友們，我們完全沒預料到人數會爆掉；感謝出版《練習》雜誌的自轉星球伙伴們整理這篇座談的文字稿，考量這個版本是放在威融的個人作品，關於詹大哥和黃社長許多精彩發言就直接砍掉了（有獲得兩位的諒解），主要放的是威融發言的部分。

黃威融

二〇一一年下半我跟幾個學生時代的好朋友聊天，特別是跟馬世芳和葉美瑤聊了好多次，我們聊到台灣閱讀市場應該多一些不一樣的內容，於是有了創辦新雜誌的念頭。我的看法大概是這樣，我們的生活裡，你多半時候會去便利商店，會去連鎖餐廳或咖啡店，但是如果你願意從房租很貴的忠孝東路往巷內彎兩三個彎，就會發現有一些有意思的店。過去幾年我常去台南發現那裡有好多有意思的人，他們未必是在地小孩，因緣際會來到台南開了店，他們多半曾在都市打滾過、通過商業考驗，因為人生特殊的際遇來到台南，跟他們聊天會讓自己覺得你到底留在台北是為了什麼。我還從台灣做獨立音樂和電影創作人身上得到很多靈感，他們勇敢做自己相信的創作，鼓舞了我也許可以做一些更忠於自我的內容，而我自己最熟悉的是工具是雜誌，於是就產生了《小日子》。

詹偉雄

威融年近中年，我已年過中年，我們會做什麼事，傳記性的線索都很明顯：你三十歲之後在做的事情，大概就是五十幾歲會做的事。我已經認識威融滿長一段時間，以前他和我在《數位時代》一起工作，我大概就知道他應該會很痛苦，因為《數位時代》關心的是數位科技，和他平常想參與的事物有段距離。當我在《數位時代》當總編輯時，為他量身訂作一些地盤，希望他可以融入《數位時代》的內容。可是後來證明事與願違，不過後來公司的出版領域擴大到《Shopping Design》，他就找到屬於他的舞台。我想問威融的問題是，你為什麼想要做《小日子》這樣的雜誌？

黃威融

在《數位時代》時我一直默默在衝撞，譬如說旅行的議題，我們希望報導的，不只是上班族去哪裡旅行排休假，而是討論現代人的靈魂跟移動之間的思索。我並沒有要冒犯這群讀者跟作者，其實《數位時代》這群讀者是台灣社會中最先進、最在意自己生活品質的人，但是他們太上進了，他們會花很多錢去訂旅館吃大餐參加導覽團，但是就這樣，所以我當時待得非常痛苦。

二〇〇六年我參與《Shopping Design》雜誌的創刊，因為做題目的機緣認識了很多創意工作者、攝影師和美術設計工作者，我發現我跟他們聊設計主題時他們並不那麼想聊，可是我們吃路邊攤或喝酒閒扯時卻特別愉快，我體會到跟他們聊得最高興的是生活上的事情。當時我就在想如果有機會，想要做一本比較不那麼設計的雜誌。其實我在《Shopping Design》後段，大約第三年後，就清楚感覺到想要繼續往下做的事情和公司的任務考量有所不同。

我覺得台灣最有生命力的人，是那些去開小店的人，就是郭台銘最討厭的那種人。以前很多在科技公司工作的人為了股票分紅，從二十多歲忍到四十歲，領了一筆錢之後去開民宿。現在年輕這一代更悲哀（或者應該說幸運）的是，他們連股票分紅也分不到，因此根本不考慮忍受痛苦立刻去做想做的事情。我們這些五年級後段班的人，多少都有沉重的社會壓力，但是當我去認識現在這批開小店的年輕人，我發覺如果我還想要過快樂的下半生，我應該正視我看到的事情，我應該去做些真正有興趣的東西，這就是我做《小日子》的原因。

當我們真誠地去面對自己的朋友和消費者，應該就可以做出對大家都有贏面的事情，這也就是我在做這本雜誌時想的事情。你如果去看《小日子》，你可以不同意雜誌裡任何一個人對電影、對戲劇的看法，可是我希望你要尊重他講出的意見，因為我可以保證那就是他真正的看法，我沒有要他去幫任何品牌說話。在台灣社會現在的狀態，在現有的架構中，我們知道光是這樣就是很困難的事情，也是現在就要做的事情。

俊隆的經歷很特別，他跟多數出版人最大的不同是他年輕時待過魔岩唱片，他思考出版的角度跟純粹出版背景的人很不一樣。俊隆在這次雜誌節復刻版《誠品好讀》的文章提出了很重要的觀點：只要你參與過有意思的演唱會，你就會知道演唱會的編輯是多麼地重要，從幾點入場、主唱從哪個角度以什麼樣的方式進場、燈光要怎麼打……這都是編輯。長期以來，我們台灣太忽略編輯了。如果你有看過「料理東西軍」、「全能住宅改造王」，應該就知道什麼是我所謂的編輯。所以我要問俊隆，你如何把以前做唱片的經驗轉換到現在這本《練習》？

黃俊隆

我認為台灣現在應該更重視「編輯人」的角色，這個角色在唱片圈是製作人，在電影是監製，也就是主導預算到執行細節分工的keyman。以書來講，落版是很重要的，你如何安排一本雜誌從第一頁到最後一頁的順序。這牽涉到兩個重點：第一個，裡面要有哪些題目內容？第二個，這些題目該如何排列組合？像林暐哲（蘇打綠的製作人）做演唱會時，一場演唱會的開場和中間串場或台上台下的互動，甚至第一首歌到第十首歌如何串連，他整個都會認真想過。以前我們在魔岩工作時，會為了主打歌要擺在專輯中的第幾首討論整個晚上，但現在很多人聽專輯是亂序播放，你看不到一個音樂製作人在當中安排曲序的用心和想法。

某個現場讀者提問

我發現今天文青大集合的氛圍非常濃，我感覺到體制外的氛圍越來越匯集。你們三位都在大體制活過，而如今你們想要突破體制，我不知道我抓到的這個感覺是不是對的？

黃威融

希望我不是對號入座，「文青」這個詞從青春期就一直困擾我，但是我做《小日子》之後獲得解藥，給我解藥的是一個比我更文青的人，他是前衛藝術家陳界仁。我去年底開始想《小日子》到底要怎麼做，過程裡其實非常無助徬徨，我問了好多人，當我去陳界仁在溫州街的工作室找他，他坐在窗邊一邊抽菸一邊回答我：「你這個東西滿文青的。別人一定說不好，但我們這個社會不是文青過多，而是文青根本就不夠，你就好好辦下去吧。」

你提到大體制，新經典文化的葉美瑤曾經寫一段話：「在我們台灣社會，文青竟然是一個對行銷無助之詞」，我當然知道她的意思，但我真的很想說，在某些場域文青應該是超級行銷之詞，只是多數握有資源的人看不見。我很感謝陳界仁的畫龍點睛，因為他直接跟我說：「其實文青是會救國的，但是他們都不懂。」

4

內容行銷時代的書店刊物

THE ERA OF CONTENT MARKETING

C4 .1

誠品書店《提案 on the desk》的編輯經驗分享

年少剛開始喜歡看雜誌的時候，我喜歡看的不只是雜誌內容而已，我是連雜誌廣告都覺得好好看的那種人。我覺得這個角度最能夠把雜誌的媒體形式描述清楚：雜誌是和廣告共存的一種圖文界面，只要遵照這個世界的遊戲規則，好玩的事可多呢。

過去十多年，因為網路閱讀的盛行，因為傳統廣告模式的變動，原本靠廣告收入營生的雜誌幾乎都面臨空前的挑戰。然而，這幾年在世界各地卻出現一種以前很少、現在常見、以後應該會更多的新品種雜誌，我稱之為「單一品牌的內容雜誌」。

這件事最早是從國外一些服裝和生活用品品牌開始的，例如北歐某些戶外品牌自己出雜誌放在自己的門市，日本許多創意店鋪在自己的門市擺了手工自製的通訊。這些「雜誌」發行的數量不會太多，而且通常只在他們自己家或臭味相投的朋友店裡才找得到，若是用傳統中大型雜誌發行工作追求廣度和普及率的標準來看，這樣的做法真是太遜了。可是，在這個平凡資訊過剩的時代，只要你的內容是有意思的，愈難找到的東西有時候愈增加它的魅力。

會想要做這樣雜誌的品牌，通常是對自己的產品、讀者和彼此嚮往的生活形態有獨特的方向，過去它們也許就直接跟相似類型的廣告代理商或雜誌合作，但是在如今這個時代，品牌自己跳進來做效果更好。現在台灣存在很多業務導向的雜誌，也就是好像有分內容頁和廣告頁，但其實我是覺得沒什麼區分的意義；再看看主流的類型雜誌，廣告頁的量和質愈來愈慘。這樣發展下去，聰明的品牌企劃人怎麼會容許自己按照過去的遊戲規則做蠢事呢？

以上是我在台灣看一大堆亂七八糟雜誌和過去好多年出國旅行在歐

美日商場店鋪書店具體看到的狀態，接下來我要說說這兩年誠品書店跟我之間發生的一些事。

二〇一三年底聖誕節前後的某天晚上，我和誠品書店通路企劃處兩位無比認真投入工作的同事（行銷經理林萱穎和資深專員阿倪），約在信義店三樓的 Tea Room——還沒見到面，透過電話光跟她們約時間和地點就充分感受這是一個工作力旺盛的團體，我們愉快地吃飯和討論，大概一個小時我們就達成共識：誠品明年（二〇一三）四月要推出一個免費刊物，希望我擔任外部編輯顧問的工作。說真的，這件事的確是我感興趣的事，但是根據這幾年我跟不同團隊的共事經驗，要找到雙方可接受的工作模式和費用標準才能繼續。因此，所謂「一個小時達成共識」的意思，我們相談甚歡，但不需要再花時間社交了，我們各自回家想想，各自提出具體條件，一週內就確定。我記得當時開玩笑的比喻，我覺得被這兩位女同事逼婚，見面一次就要立刻下決定。接下來一些細節應該就不必再多提了，簡單說我們達成了微妙的共識——我不全部屬於她，但她需要我時絕對擁有我。就讓我們先試六個月吧。

元旦假期之後的某個週五，我第一次到誠品松德路辦公室參與編輯會議，會議室從那天晚上九點還是十點開始，我們一路開到午夜，之後這樣的會議我參與了無數次。光看這樣的形容，似乎是在暗虧這群伙伴開會太冗長的負評，但我很快就發現正確的描述，其實是因為這群人（行銷企劃、當時的展演傳播同事、美術）是同事＋好友＋創意伙伴的混合體，我們的確是在開會，但常常討論舉例的都是各自生活中有趣的遭遇，這麼一講下去當然沒完沒了。

二〇一三年四月《提案 on the desk》正式上市，它的內容包括了每月的封面故事（十頁左右），加上篇幅相當的主題商品頁面，刊物中間夾了一本尺寸略高的《現場 on the scene》，現場內有當月全台詳細的活動介紹，後半本則是固定欄目，包括焦點人物、主題選書、每月選品……等等。

這本刊物最大的困擾是它長得不像一本免費刊物，它的題目規劃、影像執行、設計水平和紙張選擇，就是一賣相挺好的「聚合日常閱讀與風格採買的書店誌」。它放置的地方在台灣各地誠品書店的「某處」——好比說敦南店是在二樓廁所旁邊的傳單平台，信義店是每個樓層手扶梯旁的架子，台大店偶爾在櫃檯偶爾在一樓通往二樓的傳單櫃……還有就是當月主題商品陳列平台的角落，在推薦書籍和商品的旁邊，會擺著這樣一本免費刊物。好多朋友說這東西真的是免費的嗎？真的可以拿嗎？

當品牌自製刊物時代來臨時，很高興台灣的誠品書店率先做了這件有意思的事，我很高興是團隊的成員之一，更要感謝支持的讀者們。好了，我再強調一次，《提案 on the desk》是免費的，希望還沒有看過的朋友趕快去看看，我比較建議每個月第一週就要去拿，月中之後常常就沒了啦。

C4 .2

閱讀的提案，藝文的現場

——提案 on the desk

從二〇〇六年起，誠品在各門市免費提供一份刊物，我們叫它〈現場〉，不只詳細整理了近期內在各地誠品舉辦的活動資訊，也針對主題活動做深度報導。

二〇一三年的春天，為了滿足社會和讀者的期待，我們透過生活形態的觀察和閱讀，推出一本新刊〈提案〉，以刊中刊的形式擁抱〈現場〉，每月向讀者提交一份更豐富的生活閱讀提案，從書冊中揀選日常的解方、精神的甜點、多彩的知識，彙編成一本

趣味的紙本刊物。

每月一日，歡迎來到誠品書店拿份〈提案 on the desk〉和〈現場 on the scene〉來看看，希望大家會喜歡。

C4 .2

大人女孩，是獨立小女人，也是可愛大女孩

今年四月一日誠品推出新刊〈提案 on the desk〉，每月提供相關內容給熱愛閱讀和生活採買的你，存在多年、刊載誠品活動資訊的〈現場 on the scene〉則以刊中刊的方式和〈提案〉結合。所謂的提案，是誠品對於讀者生活形態的觀察和分享，四月號我們報導了六個在島嶼認真生活的角色，透過他們的個性想法和消費形態，捕捉最新鮮的生活線索。

五月號我們針對二十五到三十五歲的女性，提出「大人女孩」

這個有趣的概念，首先我們整理出過去幾年非常受歡迎的電影電視人物角色，呈現這個族群女性的抒情面貌；接著我們從內在心靈、愛情伙伴、人際關係、職場工作、身體外貌和消費理財這六個面向描述「大人女孩」的行為特色，並邀請宅女小紅分享她獨到的觀察，還有知名作家駱以軍寫給這群女孩的專屬情書，音樂工作者林貓王推薦跟大人女孩有關的好聽音樂。希望你喜歡這期的內容，特別提醒一定要看夾在本刊裡的〈現場〉，誠品每個月在各地都有好多精彩的活動，歡迎你來。

C4 .2

感覺敏銳的漫遊者，跟著我們走吧

根據德國思想家班雅明（Walter Benjamin，1892-1940）針對十九世紀法國浪漫主義詩人波特萊爾（Charles Pierre Baudelaire，1821-1867）的研究，當十九世紀的巴黎進入都市現代化，漫遊者從此誕生，漫遊者們為了體驗嶄新的城市生活在街頭流連忘返、四處張望、找尋靈感。

六月號〈提案〉的封面故事，我們邀請了五組感覺敏銳的漫遊者，他們透過個人獨創的創作形式，跟讀者們分享他們在不同場

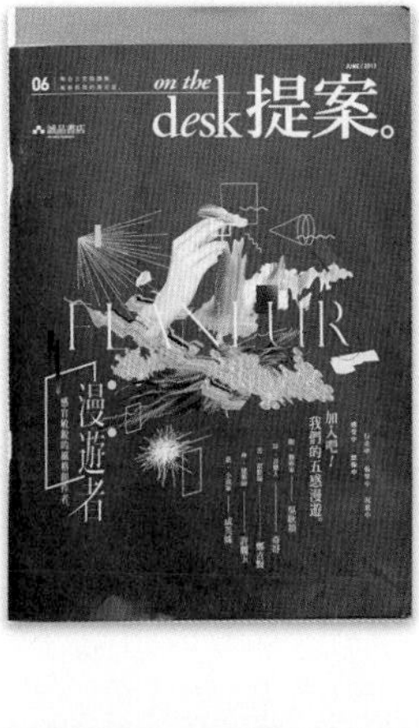

所、時空和氣氛下，透過漫遊方式累積個人創作的能量。五組漫遊者分別是藝術家吳耿楨、音樂人奇哥、甜點創作者鄭賢吉、建築師許麗玉和小說家成英姝，就讓我們跟著他們的腳步，在生活場所發展自己獨創的漫遊路線吧。

誠品從今年四月開始推出的〈提案〉，是一本聚合日常閱讀和採買風格的書店誌，每個月一本，你可以到全省誠品書店和商場免費取閱，在大台北和宜蘭地區的〈提案〉內含一本〈現場〉，完整呈現當月在誠品舉辦的各式活動講座訊息。特別要說明的是，在北部以外的誠品店面，分區企劃同事精心製作在地版本的〈現場〉，與大台北和宜蘭地區不同，〈現場〉並不是夾在〈提案〉裡面，而是獨立存在，提醒你拿了〈提案〉記得順手拿本〈現場〉，掌握最即時的在地藝文活動資訊。

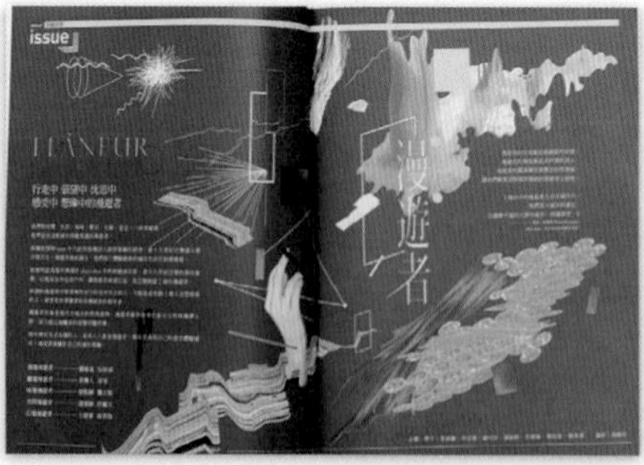

夏天來了，讓我們一起閱讀

夏天是適合閱讀的季節，若是窩在室內的冷氣房，平平靜靜的找本書來看，就可以把整個世界的炎熱拋在一旁；或者到清涼的山上樹下吹著涼風，讀著讀著自然地昏睡，醒來之後繼續讀，這真是讓人嚮往的夏日閱讀時光。

夏天是小朋友和年輕人擁有最多自由時間的時段，研究報告指出趁夏天大量閱讀對腦神經發育非常有幫助，強烈建議家長們把握七月分誠品書店精心規劃的書單：六到八歲、八到十歲、十到

十二歲、十二歲以上的推薦書籍，一定要好好利用啊。

「閱讀」似乎是非常個人的事，但仔細深究「一個人如何跟一本書相遇」，其實是件和人有關的牽扯和互動，誠品編輯部在本期〈提案〉採訪呈現了幾種共讀關係，內容包括DJ劉軒全家共讀的故事、主播盧秀芳的親子共讀體驗、作家楊照和女兒的共讀關係、樂評人焦元溥和妹妹張懸的共讀互動，此外還收錄了十六位創作者的童年閱讀回憶，邀請你一起進入適合閱讀的夏天。

四十歲的男子，閃亮亮

四十歲的男子，閃亮亮的，這是真的。若是參考國內外的男性搖滾樂團，的確如此，一九六二年出道的滾石合唱團（Rolling Stones），二〇一二年底才舉辦了他們出道五十週年，他們在一九七〇年代真是惡名昭彰，中間也經歷路線整理和團員磨合的問題，九〇年代之後至今愈來愈酷。你不必喜歡他們的音樂，但當你看到一群六七十歲的老頭在幾十萬人的音樂會舞台活蹦亂跳，你真的會被打動，有年紀的男人真是有魅力。

如果你嫌滾石合唱團太老古板，那聽聽來自布魯克林的國民樂團吧（The National），這群平均四十歲的男孩，一九九六年學校畢業一邊上班一邊玩團，二〇〇一年推出樂團作品，如今他們成為全球獨立搖滾圈的知名年輕大叔團，他們不像二十歲的年輕團穿色彩鮮艷的服裝，他們多半深色打扮甚至穿西裝，你還以為他們是資深的現場工作人員，他們的存在也說明，老一點的男人真的很酷。

男孩和男人有什麼不同呢？與其說是年紀、社會地位、經濟收入……造成的差別，更可能是因為上述條件形塑和反射，讓男孩和男人的心智狀態和待人態度產生極大的不同，本期〈提案〉試著從對照的角度出發，發現成熟男子閃亮亮的無敵魅力。

四十歲的男人們，具有讓少女小姐熟女伯母歐巴桑都心動的魅力，因為他們懂得把錢花在刀口上，運用適當的預算訂做和歐陸頂級名牌品質接近的本地手製服裝；他們根據不同對象和狀態選擇適當的餐廳社交，更願意花很多時間自己買菜下廚；他們熱切追求知識，慷慨激昂的同時小心翼翼不讓知識暴力發生；如果這個年紀的男人還有夢想，而且是瘋狂的那種，例如拍出動人的電影、

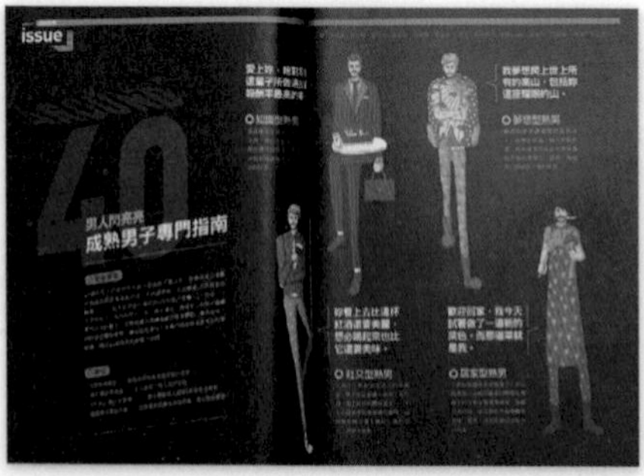

創造讓員工感動幸福的企業、或者和青春伙伴合組樂團大搞一場，都是無比浪漫的事啊。

八月號〈提案〉費心整理出四種類型的男子——社交男・居家男・知識男・夢想男，透過圖文作家黃色書刊角度刁鑽兼具幽默感的創作，瞧瞧這四類男子的模樣；邀請小說家黃麗群小姐和知名電視製作人詹仁雄從兩性角度交叉比對成熟男子的真實和虛偽；專題最後則由台灣的漫才代表創作者達康.com，提醒男孩和男人們那些不該去做的事。

人生必經的後菜鳥時代

工作幾年之後，人們不再稱呼你菜鳥，雖然你自認為有點資深，老闆還是看不上你，上次的升遷沒有你的份，你簡直快氣炸了……。懷抱著夢想認真工作的你，好想早日成為成熟的專業人士；你總是超時工作，三餐和內分泌不正常好久了，你的家人朋友戀人總是見不到你，到底還要熬多久才能出頭？

九月號〈提案〉的封面故事「後菜鳥時代」，特地挑選五位在職場上奮戰三到八年的資深菜鳥們，包括跨國服裝品牌的儲備幹

部、在事務所打拚的新進建築人、在專業舞團學習的年輕新秀、出版領域的努力編輯和連鎖書店的美術設計，記錄他們的工作和生活細節，呈現他們對現況的感受和對未來的期許。

此外，〈提案〉還跟 TEDxTaipei 聯手挑選超鼓舞的人生格言，如果你正處於職場低潮，跟著我們聽一場紙上演講找到繼續燃燒的理由吧；並邀請《Cheers 專業工作雜誌》客座企劃，邀請職場專家和老鳥提出良心建議；〈提案〉還為了廣大的後菜鳥們精心策劃了「後菜鳥一週對策」——週一至週末辦公、生活商品新提案，一定要看的啦。

後菜鳥時代是職場人生的必經過程，這段路要走得充實過癮、還是罵聲連連，你絕對有一定的決定權，你可以讓這段時光成為專業養成階段的精華歲月，你能做到的。

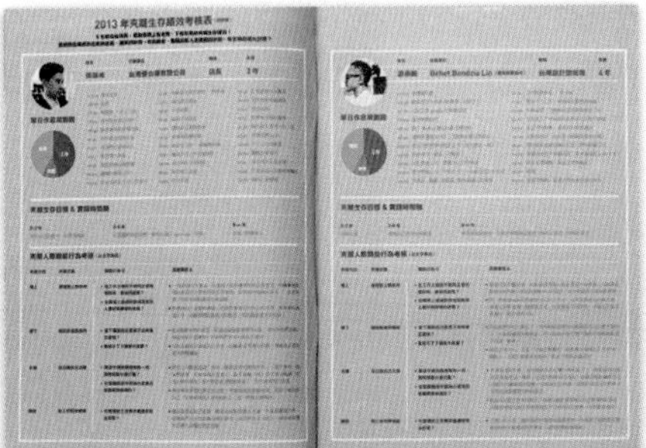

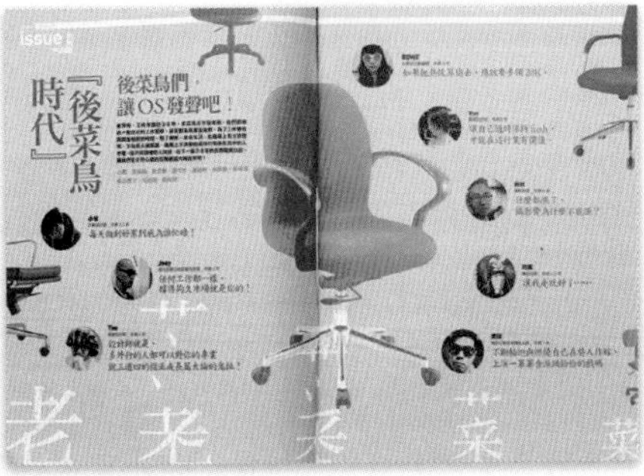

C4 .2

關於獨處
我們想問的是……

「店打烊以後，在廚房的桌上，一面喝著罐裝啤酒一面寫。頂多能寫一、兩個鐘頭，不過很愉快。」這是村上春樹接受雜誌專訪時，描述當年他進行第一本小說《聽風的歌》的創作說明。那段村上先生每天獨處、用鋼筆在紙上寫字的時間不算長，大約六個月，後來《聽風的歌》獲得一九七九年的群像新人獎，就此展開村上先生超過三十年的寫作生涯至今。

如何獨處應該是每個創作人最基本、也最重要的課題吧。創作

的靈感通常始於獨處，但光靠靈感不夠，創作的進行還需要跟不同的創作伙伴相處，再來是作品的發表，創作者得找到跟外在世界的共處方法。從獨處（靈感發想）↓相處（伙伴互動）↓共處（世界表演），將是〈提案〉未來三個月（十月、十一月、十二月）的系列專題。

創作三部曲的第一部是獨處，〈提案〉邀請了台灣本地六位樂團工作者分享她／他們的獨處方式。在這麼多的創作人選中，我們為何特地選擇樂團人呢？因為樂團是一群人的創作，他們追求酷炫帥的同時，大量仰賴彼此的信任和默契，歷經一次又一次的磨難和考驗，才能跟觀眾對話，在世界的某處發聲。樂團人的創作歷程真是太適合本次〈提案〉的三部曲系列專題，感謝林宥嘉、陳惠婷（Tizzy Bac）、Easy、Hush、Josh（Mary see the Future）、鄭宜農（猛虎巧克力）的協力，我們不會只打擾你們這一次的，提醒讀者們密切期待他們接下來在〈提案〉的出現，可以預告的是，下次不會只有他們而已，保證愈來愈熱鬧。

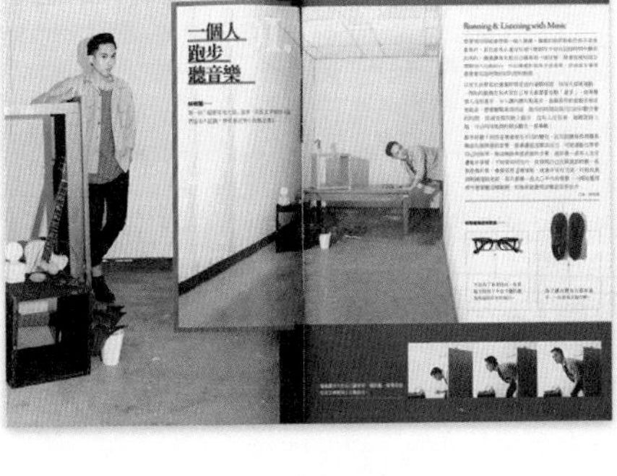

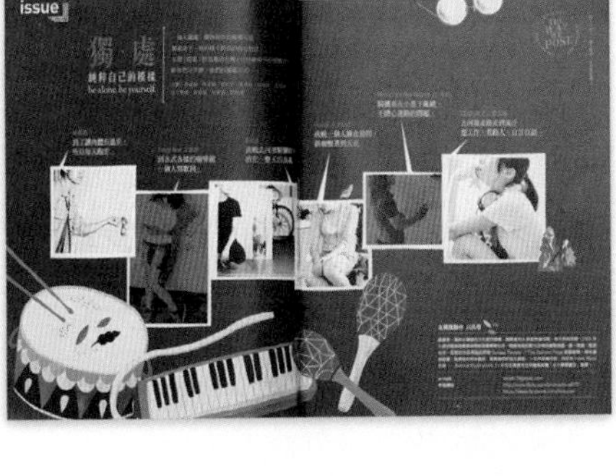

當我們在一起，神奇的事就發生

今年的最後三個月（十月、十一月和十二月），誠品〈提案〉特別策劃了獨處（靈感發想）↓相處（伙伴互動）↓共處（世界表演）的創作三部曲系列主題，本期推出的是相處篇——「樂團成員的相處時光」，探討創作始於獨處、然後和伙伴互相激盪，讓創作繼續往前。

許多創作需要一個人的孤獨來醞釀靈感，但是更多時候創作者更需要伙伴的互動刺激，聽過好幾個樂團朋友說過這樣的話，我們

想搞團是因為我們不喜歡一個人孤單單的活著。因此你我和他在各自的角落生活，為了共同的創作想法固定相聚。他為了我的歌喉忍受我的跋扈，我為了你的責任感忽略他的感受，你為了他的才華洋溢接受他的孩子氣。因為我們知道，當你我他三人聯手創作，就是傑作誕生時刻。

感謝宥嘉和小霞老師在初秋傍晚跟我們分享原始創作的現場互動、Tizzy Bac三位團員在超市現場張力十足的入戲演出、先知瑪莉的團員們邀請我們參與夜晚小聚、鄭宜農和Celine在觀影現場毫不做作的配合、Easy＋潘廷暢快分享他們熱愛的太空事物、Hush和熊爸之間的內心戲。提醒讀者們，如果你連看了兩期這些樂團好卡的演出，請你千萬別錯過誠品〈提案〉十二月精心規劃的最終篇——「與世界共舞」，我們下個月見。

因為在現場的你們，我們的作品才真正完成

每年年底的跨年演唱會，是許多粉絲樂迷最期待的狂歡活動，若是從演出者的角度來看，當然也是非常重要的演出時段，這世上有什麼事比得上跟一群熱愛音樂，並且不在乎忍受長時間推擠和寒冷折磨，只為了與表演者同在一個場子跨越時間的群眾們在一起更讓人興奮的事呢？就算有，應該也不會太多。

有意思的是，表面上看起來是群眾需要演出者，骨子裡其實是創作者需要群眾，「因為有在現場的你們，我們的作品才真正完成」，

這是本刊連續三期跟許多樂團工作者們互動獲得的重要心得。靈感往往始於獨處（十月號），創意發展靠伙伴激盪（十一月號），作品的發表和演出一定得靠現場的樂迷參與（十二月號），這是我們繼續生存在這個世界繼續從事創作的重要理由啊。

感謝過去三期和誠品〈提案〉編輯團隊一起努力的樂團朋友們，連續三個月的繁複通告安排和主題設定，考驗了大家，現在是跟讀者分享最終成果的時刻了。本期〈提案〉特別邀請參與的樂團工作者暢談他們夢想中的演唱會（未來實現版）和曾經參與過最精彩的演唱會經驗（過去精華版），真是太精彩了。讓我們開始等待，在每年的最後幾個小時，讓人興奮的音樂就要開始……

我們對未來仍有夢想……

剛剛過去的二〇一三年，令人振奮的好事與讓人喪氣的壞事都不少，在台灣生活的大家辛苦了。一月中旬美國奧斯卡獎公佈入圍名單，李安導演的《少年PI的奇幻之旅》一共入圍了十一個獎項，二月底的頒獎典禮李安拿下了包括最佳導演獎，他在上台領獎時所說的感人致詞，讓許多人紅了眼眶。三月初的週五晚上，全台灣應有超過一半的人在電視機前看台日棒球大戰，那場比賽還沒打完，一堆人已經哭得亂七八糟（雖然輸了比賽，但我們流下的是興奮驕傲的淚水）。

我們沒太多時間高興，接著下來我們的島嶼發生一堆傷心事：三月時全台二十萬人上街遊行高喊「終結核四」，六月苗栗大埔事件讓人生氣，八月萬人上凱道送仲丘……十月大統油品被檢查出長年以低成本黑心油冒充純正油品，讓我們整個社會的氣氛低到不行。

儘管如此，我們對未來仍有夢想：二〇一三年夏天台灣的女網選手謝淑薇和中國選手彭帥搭檔拿下溫布頓的女雙冠軍，景美女中拔河隊勇奪世界冠軍；認真的紀錄片導演楊力州的《拔一條河》和齊柏林的《看見台灣》，他們的熱情和觀眾的支持讓人感受到島嶼人民的熱情和希望。

本期〈提案〉是二〇一四年一月和二月的合刊號，我們邀請了五位長期關心台灣的專業工作者，分別從民生消費、景氣工作、文化藝術、公民覺醒、自我實限的五個面向，看看台灣過去一年發生了什麼重要的事。此外，每過完一年，誠品書店固定會推出 Top 100 年度書籍影音排行，並邀請相關工作者提出現象分析和解讀，請勿錯過。

C4 .2

熟悉的墨綠色紙袋，是這塊土地的共同記憶

讓我們回到一九八九年台北市敦化南路和仁愛路圓環角落的地下室，彼時那刻，「另一種書店」在台灣社會誕生了。誠品的「誠」，代表誠懇的心意和執著的關懷；誠品的「品」，具體展現的是專業素養和嚴謹選擇；誠品的誕生，是生活在台灣的我們對美好社會的追求與實踐。

二十五年之後的二〇一四年，誠品在台港兩地有四十二個營業據點，每年超過一億三千萬人次造訪，會員人數突破九十八萬；一年舉辦五千場演講、展演等藝文活動，吸引逾五百萬人次參與；書店包羅二十五萬種書目、兩百九十萬冊書籍，十萬種品項、

一百八十萬個文具、影音商品……。

因應二十五週年這件大事，本期〈提案〉和去年松菸店開幕創刊的〈時光〉合體，你手上拿到的這本刊物，左翻是〈提案〉，右翻是〈時光〉。特別的規格有著特別精彩的內容，本期〈時光〉製作的「照亮，重新啟蒙的時刻」，從許多面向整理誠品過去二十五年的精彩演出，那些往事、聲響和畫面是我們每個人和這片土地最真誠動人的共同記憶。

誠品是這個社會時空環境下的集體創作，為了回應讀者大眾的熱情與期待，誠品的工作者們長期以來在各自的工作位置上努力。慶祝誠品二十五週年，也為了未來更多的二十五年，本期〈提案〉特地費心費時與各單位聯繫，進行誠品內部從未有過的大規模拍照行動。感謝吳先生和Mercy、通路事業群伙伴們、展演事業群伙伴們、餐旅事業群伙伴們、視覺企劃處伙伴們、商場行銷部伙伴們、通路企劃處伙伴們、商品開發團隊伙伴們、物流開發團隊伙伴們，因為大家無私的集體參與，我們在二十五年的此刻創造了這些動人的影像，在此跟所有關心誠品支持誠品的朋友們共享。

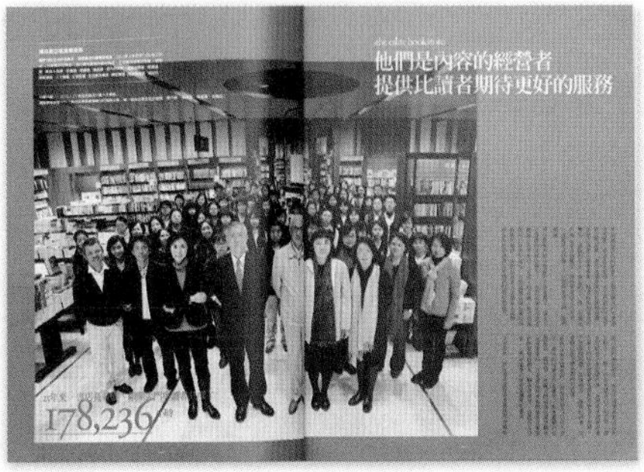

實現理想生活劇本，做自己的大製片家。

如果你的生活是一部準備開拍的電影，你當然可以像個編劇般勾勒精彩的情節，或者像個導演認真規劃每個鏡頭的表現手法……但是若你務實些，你最應該在意的，是把製片的角色扮演好。

成就一部好電影，需要一個好製片，製片是個銜接藝術和現實的角色，需要上天下地的知識和學問，包山包海的技術和工具，過人的耐力與體力去完成每不片艱鉅又龐雜的任務。

我們每一個人的生活就像一部自編、自導、自演的連播影集，我們是自己唯一的製片，需要找資金、掌控預算、把錢花在刀口上，

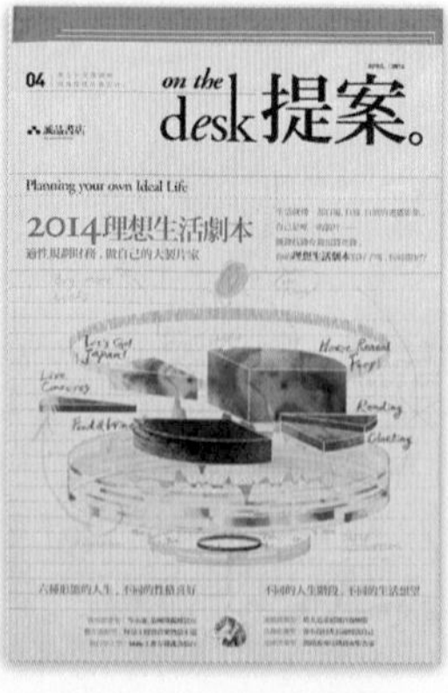

讓想法成真。

二〇一四年你的理想生活劇本是否已經寫好，想好如何規劃預算好順利開拍了嗎？本期〈提案〉特別策劃了這個協助大家實現人生夢想的題目，找來六個不同性格喜好，不同的人生階段有著不同的生活想望的角色，看看他們如何悠游於六種生活型態，感性分享他們的製片手法（理財觀），欣賞他們獨特的人生劇情。

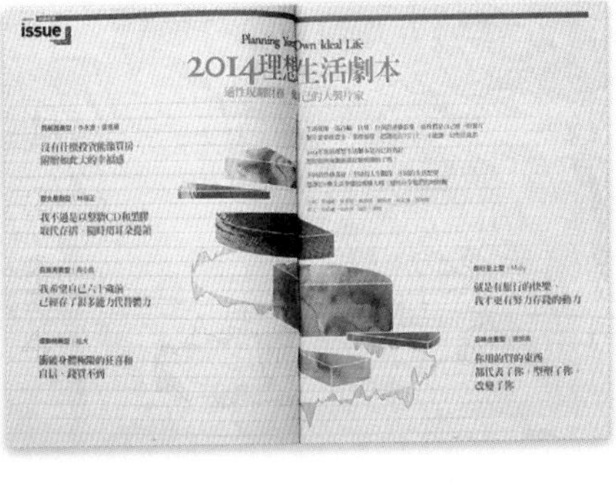

夢幻作者群，虛構大企劃，大人女孩必讀的人生書系六冊。

本期〈提案〉封面故事的呈現方式很特別，編輯團隊們費心企劃了「給大人女孩的人生書系」，六本書的內容涵蓋二十八歲以上這群大人女孩最關心的六大主題——家庭．愛情．職場．智慧．健康．故事，這六本書其實是虛構的，作者群更是現實的出版世界不可能發生的，但是每本書的內容都具有高度的參考價值。

六本書的「夢幻作者群」，包括知名的日本小說家向田邦子，透過她深刻動人的情感書寫，解答大人女孩們苦惱的家庭疑惑；

近來急速竄紅的都敏俊教授（熱門韓劇《來自星星的你》男主角），當然是大人女孩愛情學分的首席教授人選；大家都認識武則天，但可能忽略一代女皇的權術謀略非常適合當作大人女孩的職場祕笈；誰說大人女孩只關心身邊事，書系特別收錄經典女力典範蘇珊桑塔格；健康的事總讓大人女孩煩惱，還是明朝醫聖李時珍的建議管用；喜愛浪漫故事的妳，怎能錯過名導演伍迪艾倫的創作呢……

歡迎身為大人女孩的妳、和關心大人女孩的妳，一起來閱讀這六本夢幻虛構、但實用有趣的人生書系。一定要再三提醒大家，這六本書都是企劃的虛構產品，不是實際銷售的商品。如果你想進一步理解這幾位作者和這六大主題，歡迎到誠品書店延伸閱讀吧。

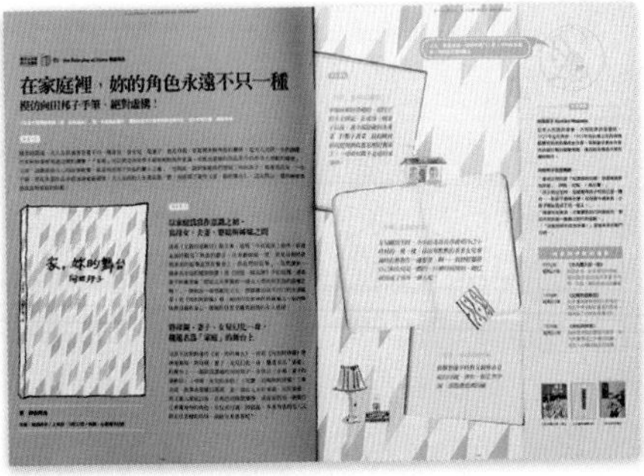

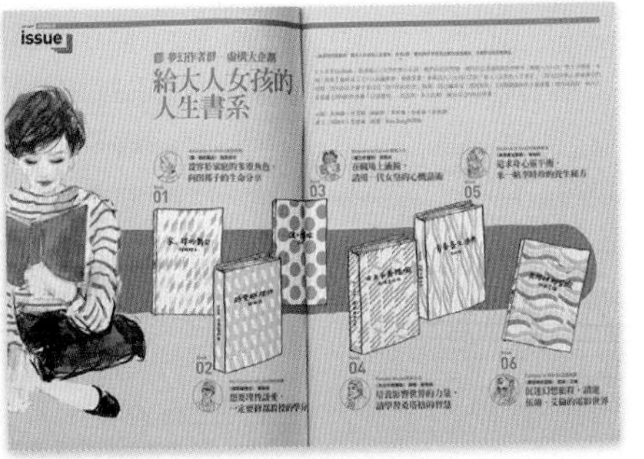

C4 .2

動起來，日常生活的運動實踐

「運動」這個主題向來跟書店的關係不親密，本地的運動出版品很難成為所謂的暢銷讀物，熱衷的運動卡和常去書店的文青們似乎是平行時空下兩群互不相干的人群。不過，這是過去的事了。

如今，運動相關主題的書籍出版和雜誌類型不斷有搶眼的好貨誕生，社會大眾參與各式運動的頻率和興趣明顯提高，就以各式「跑步」來說（一般人參與的路跑、進階的半馬、專業等級的全馬、挑戰極限的超馬、還有越野的跑步賽），過去一年在島嶼所舉辦的

跑步活動次數應該超越過去十年的總和，參與的跑步人口和投入的各式品牌更是驚人——這絕對是一場「運動日常實踐」的開始。

所謂的「運動日常實踐」當然不是鼓勵大家去參加世足賽或奧運，雖然運動比賽的確是激烈的對抗、拚個你死我活，但對大多數人而言，運動是自己與身體的親密對話，跟一群人運動是為了和朋友相處的時光。

因此本期〈提案〉特地策劃了「動起來」這個主題，顛覆「運動」的距離感，邀請您感受日常中的運動、運動中的日常，瞧瞧封面故事裡那些動起來的人們，一個人隨興到處跑、二個人打掃房間、三個人溜狗、四個人玩手足球、五個人跑酷、好多好多人費力移動參加音樂活動……你想加入哪一種運動呢？用生活中每一刻的「動」來證明，我動，故我在！

每個小宇宙都擁有自己的書

我們處在資訊超級爆炸的時代，不同的媒介和品牌鋪天蓋地的傳遞一大堆「資訊／情報／故事／知識／學問……」，由於訊息量太過巨大，我們根本無法消化分辨。大人如此，孩子也是這樣。因為資訊管道的多元、情緒壓力倍增，孩子不容易靜下心，暑假期間難道就任由他們淪陷在資訊洪流之中嗎？

為了協助許多父母解決分心世代難以閱讀的問題，二〇一四年夏天誠品書店延續前幾年的慣例推出暑期大閱讀的書單，提供孩

子們在漫長的暑期開心的閱讀。不同個性的孩子，會被不同主題的故事吸引，誠品書店從英國作家羅德·達爾（Roald Dahl）的著作裡各種小主角找出六大氣質性格，策劃這六位主角從原本書裡的世界跑到我們身邊，企劃出能讓六種個性孩子喜歡的閱讀書單：愛冒險的、喜歡懸疑的、安靜內向的、正義感的、敏感纖細的、世故老派的……充滿趣味的企劃希望提供每個小宇宙能擁有自己的書！

今年適逢羅德·達爾（1916-1990）百歲冥誕，本期〈提案〉特別介紹羅德·達爾生平的著作，以及他和昆丁·布雷克爵士共同合作的精彩圖文作品，千萬別錯過。

C4 .2

當我們住在一起，生活變得如此美好

比起住在什麼樣的地段房子，跟誰住在一起才是生活的重點吧。在當前個人主義抬頭、工作地點變動稀鬆平常、相愛同志勇於共築家庭的年代，誰跟誰共居，選擇自己嚮往生活方式過日子，應該才是更要緊的事。

今年六月，誠品書店發動了「當我們住在一起——同居伙伴寫真大募集」的數位影像徵件活動，邀請共同生活的人們上傳同居伙伴（二人以上多人也可）的生活日常畫面，作為八月號〈提案〉

封面故事「共居世代」的內容基礎。六月底收件截止後，所有投稿作品經過〈提案〉編輯團隊的認真討論和評選，精選出四個代表性案例，由〈提案〉專業攝影同事親赴現場，特地為入選者精心拍攝照片，詳細的影像成果和採訪內容，歡迎讀者翻閱本期封面故事。

經過這幾場與不同共居關係的主角們的互動採訪拍攝，編輯團隊大開眼界並長見識：一對男女朋友跟兩個女孩共住在一層公寓（真的只有那對情侶是戀愛關係），四人之間有著外人難以想像的溫馨和親切；七十幾歲的阿公追求單人生活的爽快和無牽無掛，就讓阿媽到都市裡陪孫子，自己跟一條狗瀟灑地過生活；外派到蘇州展店的誠品同事們，不只白天在辦公室裡打成一片，下了班住在同個空間互相照應，跟同事相處的時間已遠超過愛人和家人；青春無敵的一對女女戀人，從相識相知很快就決定在一起……。

身在共居世代，找個真心相愛的伴侶一起生活最重要，別讓那些跟不上時代的法律道德捆綁了你的意志，讓我們為自己加油。

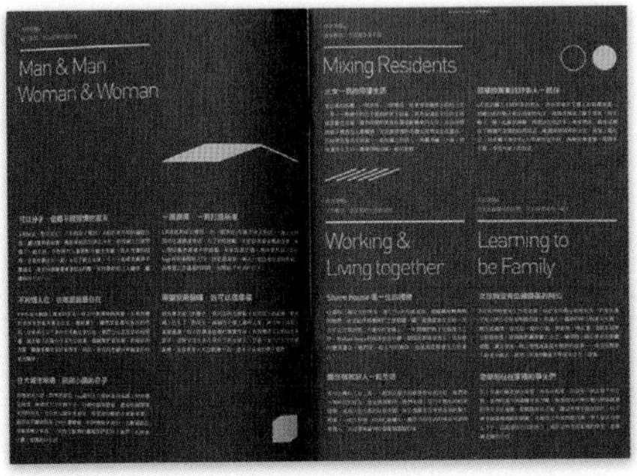

C4 .2

初職者的逆襲

我們每個人都曾經這麼菜過：離開校園，為了找到第一份工作而苦惱；進入職場，卻發現不喜歡工作內容；專業以外，原來還要跟同事和老闆互動，怎麼辦啊？

為了提供每年這群從校園進入職場的初職者必修情資，本期〈提案〉的封面故事費心製作初職者必修辦公室通識課，用有趣的圖文並進的溝通方式呈現。此外，我們更特別針對誠品書店核心讀者的需求，帶著初職者常有的困惑問題親自登門拜訪五位創意產

業的「領導階層」（就是熬過菜鳥階段的資深卡啦），請他們談談在個別產業裡初職者應該注意的基本事項。

這話聽來似乎非常教條，但這五位導師的話語不但平易近人，而且深刻雋永：本地男性時尚雜誌總編第一人杜祖業告誡你，不要把隨便當隨興，上班亂穿一通，你就輸了；在好丘三家店奔波的大Q鼓勵初職者，不要只做自己當下喜歡的事，勇敢承接老闆交代的麻煩事；JL Design 羅申駿提醒你，有無能力解決客戶的問題比你喜不喜歡這個客戶更重要；麵包師傅徐國斌質問初職者，你真的有熱情、你真的很努力嗎；Evernote 台灣區負責行銷業務的 Olive 鼓勵年輕人，公司拒絕你不必氣餒，真的想進這家公司就努力讓它認識你。看過這五篇訪談，初職者們一定熱情滿檔，準備好好逆襲吧。

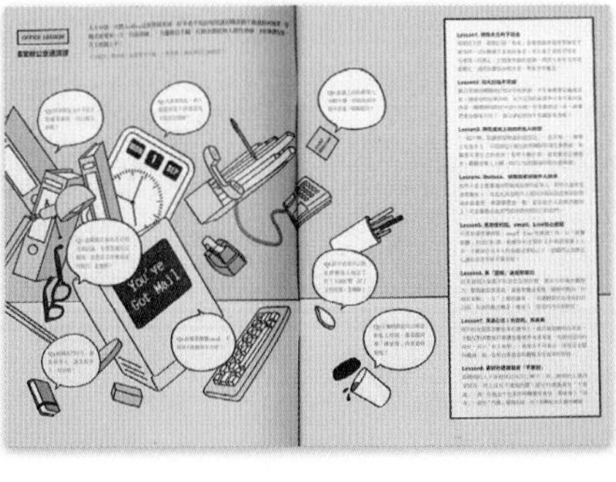

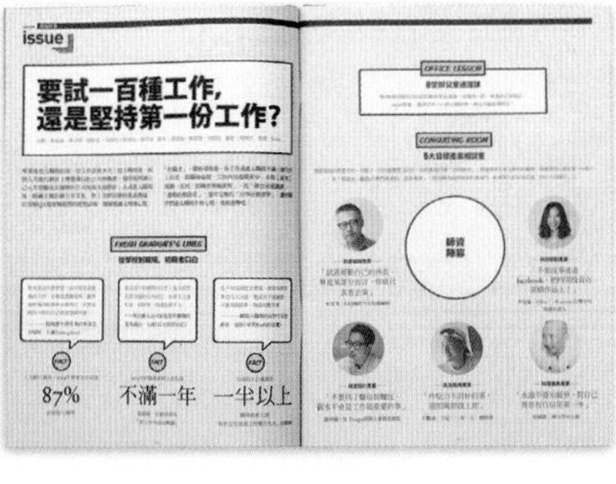

人人都可能是文化上癮者

本期〈提案〉的封面主題是「文化上癮者」，剛開始討論這個主題、分享身邊案例和概念整理的時候，其實不太像一般的腦力激盪會議，而是一群老中少年文青宛如在戒酒小組輪流傾吐或者跟牧師密談的懺悔告白。我們從好久以前的金馬影展開始聊起，接著開始比對過去十年有沒有參加那一場音樂祭和演唱會，當然該提到的重量級詩集小說雜誌特別號……都從記憶深處被挖掘出來。

所謂的文化上癮，其實是一種熱愛，只是這種熱愛在事不關己

的旁人眼中有點奇怪；上癮者們其實正常上進得很，因為在當代這樣資本主義高度專業分工的社會，能有自己專屬的文化上癮領域，是很讓人羨慕的事。這些道理的完整敘述，歡迎你趕快去看詹偉雄和馮宇的機智對話，他們說了一大堆超有梗的深度語錄，有趣得很。

這次介紹的上癮者們，包括了影像上癮者（電影和攝影）、機械玩具上癮者（相機和模型）、手作上癮者（紙膠帶）、甜點上癮者（巧克力）和藝術收藏者（當代華人繪畫），看過她/他們的故事後，我們才了解所謂的收藏不只是一般的蒐集，而是對生命的熱愛和對喜愛事物的偏執，這樣的文化上癮不僅有益身心、而且可以創造整體社會的經濟產值啊。

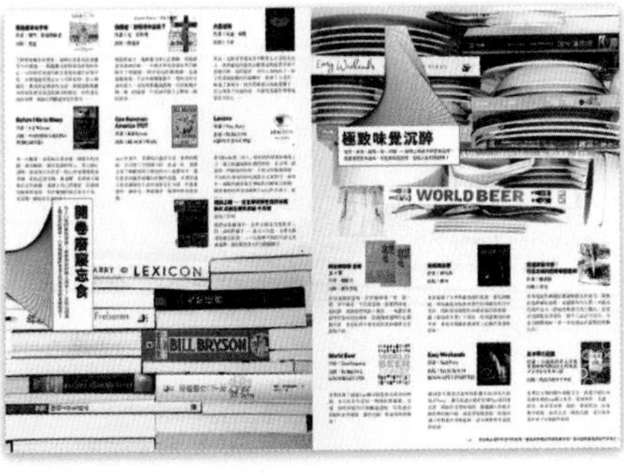

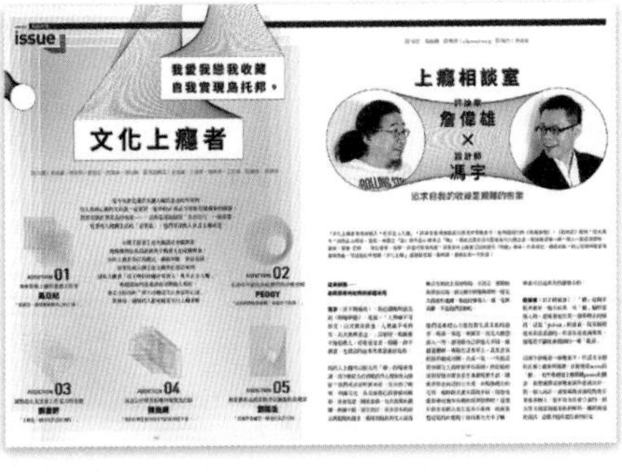

如果沒有錯過，我們就能一直在一起

在年末初冷的冬季，想念每份關係的溫暖，盼望許多錯過的故事可以重來：似乎總在這個時候，才會想起好久不見、一見默契立刻連線的好友；老是覺得很煩、其實只是無法當面說感謝的爸媽；在心底的深處，特別想念的是當年那個深深刻刻過的伴。雖說現代人孤單成習慣，但年底到處人山人海，心中卻有個空蕩蕩的缺角。

本期〈提案〉特地從傳奇的電影和影集中的人物，重新想像人與人在一起的無限可能：如果〈星際大戰〉的電影之中達斯・維

達和路克天行者說「I am your father」之後，兩位互相擁抱的話，人生就大不相同；如果日劇〈半澤直樹〉的主角與大和田能在不同的時空脈絡下相識，或許能成為合作無間的上司和下屬；假如〈慾望城市〉的四個主角，就這麼要好下去，幾十年後住在養老院的她們還是會一起去逛街；〈福爾摩斯〉的華生和福爾摩斯一定會一直用互相吐槽的方式表達深刻的友誼吧；還真的挺希望〈鐵達尼號〉救生船早點救出傑克與蘿絲，看看他們接下來的人生會怎樣；等到電影〈玩具總動員〉的那群傢伙長大以後，一定會發生更多瘋狂的事喔。

跟自己真心喜愛的人在一起，今年的聖誕節一定不會感到孤單，聖誕節屬於每一個人，透過聖誕節的存在，每個人就有了一個在一起的最佳時機。只要能夠在一起，就不會感到孤單。

跟總編學的10件小事

本文作者倪玼瑜，同事們通稱她「阿倪」，算是誠品書店刊物《提案 on the desk》創刊至今編號第一號的員工。在高雄出生長大的她，在中台灣念文學科系進入誠品書店從事門市工作，現在是誠品通路企劃處的超級資專（超級是我們幫她加的）。由於我們工作中出現太多即興有趣的扯屁和老頭講古，在我這位總編的深情拜託和懇求下，她特地撰文跟大家分享她覺得還算有用的一些小事。

跟總編大人工作將近兩年（二〇一三年初至今），這段期間我從一個行銷企劃轉任雜誌編輯，在此採選十則印象深刻的真實事件，聊聊總編的幾個「指導」：包含工作技巧、職場態度，及基本的版面概念。我時常跟總編說，您應該寫一本「職場心機」或是「提案心法」之類的實用書籍，造福世間對雜誌、企劃、編輯等等創意文化工作有興趣的「初職者」，他總一笑置之或是不屑為之，我個人在未來的歲月還是會不斷提醒他啦。

Lesson 01——編輯不是大牌明星，是打雜是場記。

「執行編輯」的工作其實有點多元，常需要兼負不同任務。外拍的時候，我們可能是攝影助理，借電源、借道具、買便當、找車位都包含在這份工作中……這番話是總編大人的教誨。某期外拍完坐在車上總編想起往事，有感而發地告訴我，在工作現場我們就是個場記、打雜的，要比設計、攝影等其他現場人員想得更早更多，讓整個拍攝團隊因你而多等一分鐘都不應該，可以被等的只有大牌女明星。讓現場工作流程順利進行，就是我們的任務。

Lesson 02——除了日雜，商周天下壹週刊也多看看吧。

編雜誌的人當然都愛看雜誌，大多是看企劃力強大、編排登峰造極的日本雜誌，常被總編大人拿出來參考用的除了《POPEYE》、《BRUTUS》、《FRaU》等等，他對每期《商業周刊》、《天下雜誌》、《壹週刊》做了什麼題目、哪個專欄講了什麼也動不動就舉證歷歷，令人不覺汗顏。某次討論題目，在發想邀稿名單的會議上，我足足被總編耳提面命了三次：「多去看看《商業周刊》和《天下雜誌》啦，對找尋談論題目的合適人選很有幫助。」

Lesson 03——找外編就如招小黃，上錯車立刻換。

《提案 on the desk》創刊數期後就發現，要光靠內部人手很難，加上選題需要多元角度，因此我們需要大量「外編」（外部的特約編輯）加入，讓每一期刊物內容更豐富。沒有招兵買馬經驗的我苦惱如何找外編時，總編一句「找外編就跟招小黃一樣」點醒了我，他說萬一上了車發現司機跟你說他外地來的不認得路，反問你怎麼走時，那就下車吧。畢竟外編是來分擔、解決問題，不是來增加工作難度的，這話還真是一針見血。

Lesson 04——標題要擺在入口處，它就是店招。

對於前身是企劃、只做過宣傳ＤＭ的我和部分美術設計們，對「刊物版面邏輯」並沒有訓練有素的基本概念。有一次設計同事排版之後的一校稿，我怎麼看都覺得哪裡奇怪，仔細讀過後除了覺得閱讀動線有不適的地方，總覺得還有哪兒有問題卻說不上來。只好求助總編，結果他來了一句「標題要擺在入口處」，一時茅塞頓開。把版面比擬成室內空間，這種說法簡單易懂，堪稱是與設計溝通的好修辭之一。

Lesson 05——從邀稿／受訪對象的作品發想。

跟作者或作家邀稿最擔心好幾次電郵來往最後被拒絕，畢竟每期編輯時程都差不多緊縮，等待回音、被拒後重新找人再邀稿，來回之間時光流逝，還得痛下決心費心重新調整版面。為了避免受到拒絕，總編建議一開始就要好好針對邀稿對象做功課，「直接從對方曾說過、寫過的訪談或作品中找資料，提供寫稿或訪談方向」，當受訪者知道你讀過他的東西，又是請他從已寫過或已說過的題目中延伸，就很有機會答應了。

Lesson 06 —— 幫讀者清楚標記受訪者身分。

《提案 on the desk》有時候會訪問一些我們自己很熟、但是大家未必那麼了解的泛文青掛人物，是否需要在大標讓讀者知道訪談對象的社會定位是什麼，常是我們的困擾。今年夏天我們採訪了台灣樂團 Tizzy Bac 的主唱陳惠婷小姐，當時她以個人名義出首張專輯，排版時我說還是加個「創作歌手」吧？其它同事極力阻攔說「女神是不該被定位的」，僵持不下時總編又開口：「還是加一下吧，我知道她是很多人的女神，但一定還是有人不認識她。」

Lesson 07 —— 要讓辛苦拍的照片有價值。

我們刊物還滿講究視覺的，雜誌上出現的每張照片都要耗費相當的人力與時間，從現場佈景設計燈光安排到畫面構成，總之拍一張花兩、三個小時是常有的事。拍攝本身就投入了大量設計的心意、甚至文章內容的說明，還有攝影師的藝術性。像這樣辛苦的照片落到版面上，偶爾因版面限制或者主視覺設計會有「互搶」的狀況，總編就會說出「要讓照片有辛苦的價值」這類話，不然大家幹嘛拍照拍那麼累。

Lesson 08 —— 材料太多不能讓它全上，要取捨。

採訪的變數相當多，因人因時因事而異，有時訪來的「素材」不夠、有時又過於豐富精彩。刊物版面上有大抵的字數限制，有時文字一來就會有個爆字的底。總編時常說：「這就是去現場採訪的人太愛受訪者了，覺得什麼都想裝進來，這種時候就是編輯台的工作，要想辦法大刀闊斧的刪，畢竟全部都擠上版面讓人很難閱讀、根本就不想去看字，就全部都變得不重要了。如果你不先下手，到了美術排出一校，還是要刪，那當然先下手的好。」

Lesson 09 —— 時間到了就要出手，不能每期都是最愛。

這話對做每月一刊的編輯和設計，大概都是很值得牢記的「警語」吧？既然做了，當然希望每期都會要有趣、能盡善、要得到共鳴，但月刊這種時效性刊物每月都要壓榨一次腦力與精力（雖然比不上週刊），在追著發印日跑的時程中工作，難免會有和設計一起熬到發印日的清晨才上傳檔案的生活，或是在有限的篇幅內斟酌去留的架構。

我是不太記得總編正確的說法，不過大概就是「每期都要求是真愛，誰受得了！」之類的。

Lesson10——總編輯當久了一定有賤招。

這一課其實不是給編輯的，不過實在令人印象深刻就忍不住一提。畢竟做內容的人腦子都很有想法、順便也都挺強勢的，我就曾偷問過總編大人萬一遇到這種也無關對錯、誰說誰有理，在團隊中難以整合的狀況時他如何解決。結果大人半開玩笑（其實很認真）的說，這種時候就是要把名片拿出來啊，把我的名片跟她／他的名片放在一起，請對方仔細的看，我的名片上有行字是總編輯，所以你就是要聽我的，結案。

EDITOR-IN-CHIEF HUANG IN THEIR POINTS OF VIEW

5 她／他們眼中的黃總編

用挑音樂、看日劇、點滷味面試我的總編輯

本文作者劉揚銘，按照他在網路撰寫專欄文章的自我介紹是這樣的：「大學念經濟，曾在商管雜誌當編輯，離職成為獨立工作者後，更常思考工作與職涯的意義。試著以邊緣人的角度觀察職場，提出另類觀點。部落格：宅宅的一萬個為什麼。」

我跟威融在同一家公司上班六七年，真正跟他變熟，卻是在離開公司以後。我開始自由接案，他橫跨各家雜誌當顧問，遇到需要編輯、撰稿的支援，如果適合就會找我。

「如果適合」的意思是，需要面試合格才能被採用。就連這篇文章

也是，他擺明說我不在他的考量範圍，但有個爭奪外卡的機會：「先說你心目中最棒的三部日劇，我再決定要不要讓你寫這篇文章。」幸好我通過這次面試，感謝送我得分的野島伸司。

二〇一三年秋天參加威融揪團的離職員工退輔會屏東三日遊，行前須知的 email 裡，他要求坐他車子的乘客要準備六張 CD，音樂要適合聊天襯底。由於推薦專輯完全透露出個人喜好，若有太不知長進、墨守成規的選擇，會被威融拒絕同車，我勉強靠日本樂團 Mr.Children 在一九九六年發表的《深海》專輯爭取到一席座位。從屏東北上的車上，我和威融邊聽這張專輯邊討論，一致認為這張專輯安排曲目順序和串接的方式就是雜誌編輯的精髓。（揚銘抱怨：威融堅持要加這些有的沒的專輯描述，算了，這是他自己的書，隨便他啦。）

在屏東里港的麵攤吃晚餐，從豬皮到豆皮、雞卷到粄條，連點菜哲學他也可以從編輯的角度評論一番，看穿你的實力。沒錯，亂點小菜可是會被吐槽的。從你怎麼選日劇、聽音樂、點滷味來面試的總編輯，我覺得實在很有趣。

威融肯定滿腦子都在想編輯的事。你知道旅途要準備六張ＣＤ，是因為播放時間差不多是台北到屏東的距離，若有一兩張很遜還可以跳掉；而點菜更要考慮人數、飽足感、下個行程要去哪裡，看起來是瑣碎小事，其實大大影響遊逛氛圍。我仔細想想，才發現他其實一路上都在「編輯」這趟旅遊。

連揪團旅行都像個總編輯，工作場合當然不用說。跟他開會常常被參考資料的數量嚇到，「這個題目可以參考哪本雜誌哪個主題，」威融說完馬上翻開頁面給大家看，接著拆解版面構成和執行方式、擬出預算和工作方法。「等等，我又想到另外一本，」眼看他從雜誌堆裡抽出另一本參考的外國雜誌，講解下一個不同角度的編輯法，我除了抄筆記也只能暗自記下那些雜誌名稱，想說明天偷買回家當祕笈。

他會在閒聊的時候說，自己跟馬世芳比起來簡直是文盲；也會在開會的時候說，寫某類文章他其實不太在行。我心想這個知名總編輯怎麼如此妄自菲薄？後來才發現，他可以大方承認弱點，是因為他的強項也強到不行啊！

講到編雜誌，他可以講到昏天暗地日月無光，想出沒人想到的創意。每次開會只要聽到他說：「這樣這樣這樣，這題就解了啦，吼～」那些思考激盪後的靈光乍現時刻讓我覺得，這個總編輯對他做的事情，真的很有愛。

C5 .2

這個總編，很靠北。

本文作者倪琲瑜，就是《提案 on the desk》那位阿倪啦。由於長期身處誠品書店如此氣質優雅藝文氣息濃厚的工作環境，這兩年無奈必須與我這位中年大叔總編共事，內心之痛苦和不爽都在這篇推薦文章徹底吐露出來了。

什麼是靠北？用在總編身上若要一言以蔽之，就是「以深入淺出、豐富華麗的詞藻、充滿劇情與故事性的獨創形容語法，對他人及他人的某種行為明褒暗貶，謂之靠北。」

從友善的那一面來想，總編是個不直接口出惡言，善解人意，總是正面認同你的好師長；從不友善（但面對現實吧）的那一面來思索，聽到他如此「稱讚」你還沾沾自喜還不居安思危的人可就倒大楣了！

舉例，當我寄發印前校稿通知後，就收到他如此回信：「可以用比較家常風趣的方式發通告嗎？例如，提醒總編，本週五傍晚來東區吃拉麵吧，吃完順便到敦南校稿……之類的。」收到這種信時絕不能當作開玩笑，需要謹記在心、下次改進，否則必當受到更難想像的報應！（嗯？）

又或者，當發想題目時他那六核心與雙GPU處理器的腦袋便會以google等級的搜尋引擎說「啊，就是八百年前我們討論到《POPEYE》那期什麼什麼，那種手法如何如何，還有七百年前討論過什麼什麼啊，還有……欸？阿倪當時妳在嘛！記不記得？唉，妳真的需要外接記憶體比較實在啦……」，這一切都只發生在一瞬之間我就被GG（註，線上遊戲中被淘汰離場時以Good Game向戰友們告辭）了，只能在心裡murmur「誰像你這大象腦袋般海量啊！」

又，他那只聞開頭就知結尾、舉一反三的理解與聯想力，除了當你話才說半句就能主動蔓延更多之外，也時常忘記他人與他能力間的落差，話只說了主詞動詞沒有受詞就立馬切換另種主題，比美蒙太奇的思路讓在下時時的 follow 不及，此時萬一鼓起勇氣截斷他的話追問上上一個話題，他或許會說……「（先愣個半秒）欸！我們要不要請妳男友開一堂『如何跟倪姓專員溝通』的課程啊？」如此令人爆炸的發言！誰像你這麼未卜先知吶！你不能以為大家都很觸類旁通啊啊啊（翻桌）！

第一次親見總編大人（當時我還稱呼他「威融老師」）是在某場雜誌公會主辦的編輯課程，此前曾為了邀請他演講與他通過信，此後則為了要辦刊物邀請他當顧問與他通信。大人回信最大的特色就是無稱謂、自稱「威融」（比方說整封信裡只有「威融收到」四個字，抑或是「威融回報，如此如此這般這般」），溝通內容直截了當、沒有所謂客氣的書信禮儀，而且，都很簡短。基於這些，在與他碰面前以為他是個傲慢的大人，見面後才發覺，他果然是個傲慢的大人，不過是對該傲慢之處傲慢、該謙虛處謙虛、自覺不足處直接承認不足，相當奇妙。以一個「對中年大叔的刻板印象」而言，真的很不浮誇。

有幸跟在他身邊工作之後深深發覺，要想從他身上學點什麼，在「工作現場」大過於任何一堂課程！倘若見過他現場調度拍攝，或者與美設溝通調整版面，一定會覺得編輯這堂課整個是學海無涯啊！

（不過先決條件是必當做好被一路「靠北」到底的心理建設。）

公開場合的黃威融，最精華的地方都被剪掉了

本文作者陳敏佳，詹偉雄編輯學校的首席攝影師，本篇文字是二〇一三年六月他出版的《屋頂上》個人攝影和文字作品（自轉星球出版）關於黃威融介紹的原始文字版本。

我第一次跟威融見面，是二〇〇四年夏天在天母棒球場，當時他幫詹偉雄大哥主編《國家的靈魂》這本書，那時候我已經離開《數位時代》出來接案子，因為是詹大哥要做的東西，我覺得有興趣所以就接了。多年之後回想，那天到底拍了什麼已經不重要了，倒是拍完照各自要開車離開時，我們互看了對方的交通工具，當時我開 Fiat Punto，威融開三代 Golf，都是歐洲掀背車，彼此應該都覺得對方是同一掛的，

算是為我們往後十幾年的密切合作起了很棒的頭。

後來的事很多人都知道了，二〇〇六底我們一起創辦了《Shopping Design》到他離開，二〇一一年春天他創辦《小日子》我也幫了點忙，我認為他最精彩的文案和最有趣的評論，都在我們互相連絡的 mail 和酒桌上，公開場合的黃威融，最精華的地方都被剪掉了，認識一刀未剪的他很開心。

這麼多年我們一起認識了許多好玩的人，拍過許多有意思的照片，不過我好像從來沒有拍過他（工作過程中偷拍紀錄的不算）。二〇一〇年六月，我已經有了屋頂的創作概念，但是還不成熟，當時威融知道我要拍屋頂，但並沒有認真的找對象發通告，他隨口約我說這個週末我跟一百理由的朋友們要去吃喜酒喔，傍晚我們會先到馬世芳家集合，我們已經很久沒有「合體演出」了，你要不要來幫我們拍張照片……。

於是我帶著兩個助理跟著威融去打擾，五位作者之一的許允斌是新郎在現場忙不能來，其他四個人都出現，最有活力的藝術家姚瑞中拿

著當年他們那本劃時代的暢銷作品說，就當作允斌在這吧。他們四個人互相打屁真是默契十足，我在現場終於能體會威融常說那種集體創作的痛快，這張照片可能在專業上很不及格，但是能幫威融他們幾位伙伴拍了合體之作，我覺得也算是善盡攝影師的社會責任啊。

台灣〈關鍵評論網〉訪問
一百理由創作回顧

本篇採訪是關鍵評論網的吳象元小姐，二〇一四年九月十九日在台北市日楞咖啡跟我進行的採訪。主要撰稿人是她，在徵詢她和公司獲得同意之後，將本篇訪談收錄在本書。由於設定的讀者和關注重點有所不同，以下文字和實際刊登在關鍵評論網的標題和文字略有出入，特此說明。一定要感謝關鍵評論網和吳小姐，一本書出版十六年後仍受到你們注目肯定，如果說當年的我們還挺有本事的，那你們也有識貨的眼光。

二〇一四年的夏日午後，走進浦城街的日楞咖啡，一個高瘦的身影進門，他是黃威融。一九九八年不到三十歲的黃威融，與他大學時代的好友們馬世芳、陳光達、姚瑞中、許允斌集體創作了《在台北生存的一百個理由》，如今馬世芳固定在廣播主持節目介紹搖滾樂，也寫了好幾本音樂散文書；黃威融在二〇〇六到二〇一一年擔任《Shopping Design》總編輯，二〇一二年和好友們創立了《小日子》雜誌，現在擔任不同雜誌的編輯顧問，正準備寫幾本他獨特的編輯人生作品；姚瑞中除了在幾間大學的藝術科系教書，個人創作和著作不斷，蚊子館系列《海市蜃樓：台灣閒置公共設施抽樣踏查》真的很紅；許允斌現在定居上海，與台灣的這些事保持距離；陳光達則在出版社擔任編輯多年之後，現在是個瑜伽教師。

（認真追問起來才搞清楚，黃威融大學時代是大馬世芳和陳光達兩屆的台大文學院學長，許允斌跟馬世芳是服兵役時在海軍陸戰隊認識的，姚瑞中和許允斌則是復興美工的同學。）

《在台北生存的一百個理由》在當年是話題之作，其不按牌理的內文編排、大量運用廣告和藝術創作的版面構思和文體設定，是台灣出版業九〇年代後期很有代表性的出版創作。十六年過去，如果文化人齊聚的咖啡館、剛開始運行的捷運、二十四小時不打烊的誠品是九〇

2006 新版書封和內頁

年代的台北符號，二〇一四年的此刻，我們會如何描述台北這座城市呢？而黃威融又會如何重新詮釋這本著作？

寫書不只是為了台北，而是青春期衝動下的作品

黃威融坦言：「現在很多人開始做《在台南的一百個理由》，氣氛是對的，但應該很難再現當時這本書跟台灣社會的意義：在那個時代，台灣需要一本這樣的書，而我們因緣際會，做了一件對應的事，並不是我們多有才能，而是我們的作品意外地突破了當時的類型限制，獲得很大的共鳴。當然我們也被批評得很慘，有人說是台北中心思想，還有人從意識形態上指責我們是一群徹徹底底的異性戀蠢蛋。」

那時候剛退伍的馬世芳到台北之音做廣播，把黃威融、許允斌和陳光達這幾個「狐群狗黨」拉來幫忙；當時台北之音和中時副刊合作辦個「在台北生存的一百個理由」徵文活動，主題設定和修辭應該是光達想出來的吧，黃威融回憶。為什麼是一百個理由呢？「因為如果有一百個理由就可以做一百天啊」，黃威融笑道。這個徵文活動遂成了

《在台北生存的一百個理由》的起頭，五個好友開始匯集點子，找到了大塊出版社。

「用現在的話講，我們五個人在當時就是做文創，但當時的台灣沒有文創的環境，我們就只好自己幹，這在當時根本是找死，那個時候要做一本全彩印刷的圖文書都是很大的突破；雖然這是一本以台北為主題的書，但我們不只想談台北，雖然我們都是台北人，台北也是個重要的意象。」

當多數人都要站在民權西路和松江路交叉口拍攝行天宮，他們卻選擇放身穿藍色袍子的收驚婆婆，在那個台灣讀者眼界還不夠開闊的年代，書中的視覺呈現深受由義大利服裝品牌 Benetton 所製作、一九九〇年代最重要的一本雜誌《Colors》的影響。

這本書打破了當時台灣出版品對圖文整合的想像，一百理由玩了許多手法，把日常生活創意化，出版《在台北生存的一百個理由》之後，用現在的話講就是中了，黃威融回想：「那是一九九八年，我們五個人都快三十歲，也都不務正業，我不能代替其他人講，但就我個人而言，這個創作是一種青春期的需要，如果晚生幾年，或許應該去參加海洋音樂祭，更年輕的話我想去打ＨＢＬ高中籃球聯賽。」

如果時間重來，要寫消逝的台北

在創作者眼中，作品似乎都有再被詮釋的空間，「如果今天再做，我會把它辦成一本雜誌，二〇〇六年要再版的時候，我們五個就有個這本書要封存的約定。」為什麼要封存呢？中國出版社來談要在對岸發表，卻要求改掉有三民主義的標題、首都這個字眼也要調整，讓五個人決定作罷。後來二〇一二年吧，出版社又再提了一次再版規劃，後來我用手稿的形式寫了我們的建議做法，登在大誌的某期。簡單說就是改寫文章免談，若能想到新創作角度加料就考慮。

然而當時光荏苒，假如今天要再寫一本台北相關的書，又會想談什麼？「我會做那些消失的地點。」

「曾經想過這個題目：『青春時候的咖啡館』，但這不是指南，像詹宏志三十歲去的咖啡館可能已經不在了吧？你看西方為什麼就要去了解六〇年代？我覺得城市還是會需要這個內容，台灣八〇年代是燦爛年代，應該要把那段回憶透過好的企劃做出來；或者可以做『九〇年代錯過你會終身遺憾的專輯』，不要小看你的讀者，你怎麼知道他們不對九〇年代感興趣？」

諷刺的是，《在台北生存的一百個理由》在某部分也已是在書寫「台北的消逝地點」。許多書中提及的怪店、戀物、經典都人事已非：行天宮已宣布不再用香，誠品愈往商業靠攏，淘兒唱片行退出，Roxy也不能去了，然後當城市一天一天更新，當初棒球迷引領期盼的大巨蛋，如今卻成了學生抗議的圖騰。

因覺得「台北絕對是個糟糕到讓人不知如何是好的城市」，他們書寫台北，又因覺得「我喜歡新的台北，但只了解新的有點可惜」，如今的黃威融，想起的是過去的台北。

和有才華的伙伴共同創作，是一生最大的福氣

那哥兒們呢？台北這幾年汰換舊新，這群年輕的布爾喬亞們都到哪裡去了？「我覺得很棒的是當我們重聚，我們的線條都變柔軟了；二〇〇〇年前後我出版了好幾本書，但幾年之後回頭想，我覺得最棒最深刻的，就是我跟這些很有才華的好朋友一起搞出來的創作，雖然曾有過爭執，還有些創作上的痛苦，但我們經歷了那些創作的過程和留下來的這些作品。我後來去做雜誌，實在太感謝這段過程了；這群朋友跟大塊文化的良師益友，有意無意的包容或縱容，對我的創作生涯影響很大。」

談起那四位老友，黃威融嘴角仍掩不住傲氣的微笑：「當我們幾個在一起非常非常有趣，像我們一起在咖啡館，店內音響放出來隨便一首歌就可以開始幹譙，罵音響罵歌手相干不相干的都能扯進來罵。人的一生能有幾個可以一起罵天罵地罵世間萬物的哥兒們，而且彼此能理解你在幹什麼，真的太爽了。」

跟黃威融年紀相仿的實踐大學建築系李清志老師，幾年前特別邀請他去學校跟年輕學生講他的創作，清志老師看到的是：「這本書有你們當初的熱血，還有青春期的創作焦慮，這是現在年輕人缺少的。」

而在黃威融談話的眼中，彷彿看到了那五位才華洋溢的創作者，又都聚集在「四神湯工作室」裡抽菸開講，時間彷彿沒有變過。

（什麼是四神湯工作室呢？這是一百理由當初的創作密碼之一，那時候幾位創作者區分各自的專業，期許馬世芳當個搖滾樂之神；陳光達對剛興起的網路和電腦應用很有興趣，那就當個網路之神；許允斌對賽車攝影美術有獨特見解，當然是車神囉；黃威融特愛看運動轉播，就當個球神吧。就算有了四神，還是少了點滋味，幸好有姚瑞中，這個湯頭很重要，書中許多照片來自他的創作，這就是一九九八年創作一百理由的台北四神湯工作室。）

C5 .5

北京《日和手帖》訪問老台北人黃威融

本文作者小山 Hitomi，受北京《日和手帖》委託，在二〇一四年八月四日在台北公館附近的海邊的卡夫卡對我進行採訪。小山 Hitomi 大學時期迷戀中國、台灣與香港的電影，畢業論文的主題為《台灣電影〈悲情城市〉當中的日本》。二〇〇五年起以自由撰稿人的身分協助《ARTiT》、《美術手帖》、《CINRA》（以上日本雜誌）和中國雜誌《數碼藝術》、《週末畫報》報導翻譯的工作。二〇一三年，舉行通過網絡視頻，以介紹雙方地區為要旨，日本與台灣的創作人的對話活動「ROOT Creators in Tokyo & Taipei」。台灣的創作朋友、藝術工作者和媒體編輯們，小山 Hitomi 是個好卡，推薦你們找她合作。

我每次來台北的時候，一定會去誠品書店。一進店裡就能看到大量的各領域的雜誌。而且也有很多剛在日本發行的最新一期。從封面的設計風格來看，哪本是台灣本地的，哪本是日本的，真的分不清。但是，首次在誠品書店看到《小日子》時候的那種驚喜，我現在還記得很清楚。用毛筆字寫的「小日子」的字體，被我認定了這不是日本的，是台灣本地的。然後，慢慢看整個封面設計與題目之後才知道，這是一本以描述台灣生活為主的新刊物。我認為在台灣完全以生活方式為主的雜誌誕生了。

聯繫黃威融的時候，他約我在「公館捷運車站附近的誠品書店台大店門口」見面。雖然我去過誠品書店，不過還沒去過台大分店。見面之後，他帶我去了一家台北非常著名的咖啡店「海邊的卡夫卡」，店名取自於日本作家村上春樹的小說。採訪黃威融的過程中，才發現他為甚麼約我在公館這個地區。台北市公館是一個充滿著朝氣蓬勃、青春活力的地區，有國立台灣大學與國立台灣師範大學兩大名校。下車之後看到很多學生來來往往。而且東京也是一樣，凡是有大學的地區到處都能看到二手書店、二手唱片店、咖啡店、Live House、電影院等，放學之後的重要基地。一九六八年出生的黃威融也曾經是台灣大學的

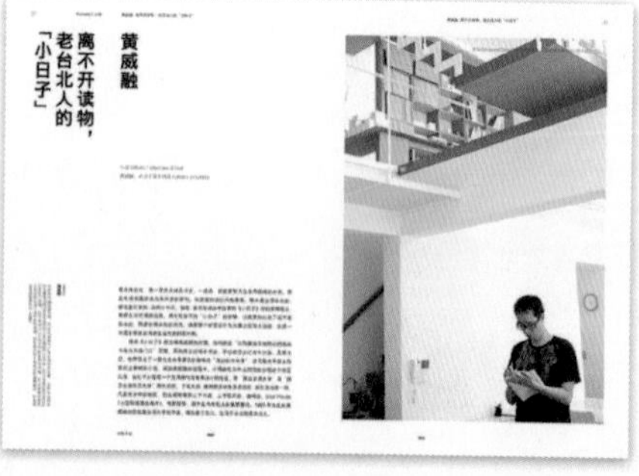

日和手帖的版面

學生。出生於台北，生活於台北的老台北人。

首先我想問你，二〇一二年當時為甚麼想到創辦《小日子》？

說《小日子》的時候，不得不說到二〇〇六年我創辦擔任總編輯的《Shopping Design》。我個人認為，從我創辦設計雜誌的那年到二〇一二年創辦《小日子》之間的七、八年的時間裡，對於台灣社會來說，設計雜誌成為一個主要的出版類型。這意思是說，差不多那時候開始，台灣社會對設計很感興趣，很好奇，所以我創辦了《Shopping Design》這種設計專業的雜誌。《Shopping Design》的定位是「買設計，學設計，享受設計」，多多接觸設計品。因為設計雜誌比較重視的是設計商品、設計品牌等「物件」。不過，後來感覺到社會的環境與讀者的興趣有些變化，大家比較關心生活上的「小清新」。所以，我創辦了《小日子》。發行之後，出乎意料地受歡迎。不過，我覺得《小日子》只是在潮流裡面的一本代表性的雜誌。

我知道《小日子》的第一期的特集為「我們喜歡吃早餐」。你個人也喜歡吃早餐嗎？是不是晨型人？

做題目的時候，會考慮到讀者喜歡的東西，不一定是我個人喜歡的。我不是早起的，不過會吃早餐。三十歲以前，因為很晚睡嘛，所以不怎麼吃早餐的。後來身體不是很好，所以早睡，吃早餐，這樣。現在不忙的時候，一般晚上十二點睡，早上七、八點起，很正常。台灣有很多好吃的早餐，比如，豆漿、飯糰、乾麵與鹹粥，我說的都不是在7-11之類的便利店賣的。

那你一般休息的時候做些什麼？

曾經跟同一個領域的朋友聊天，我們的生活與工作差不多都是混在一起。說好聽一點的話，我們做的是我們自己喜歡的事情。所以，我平時下班之後，上網看電影或者電視劇等，看跟我的白天的雜誌創意有關的。還有我比較喜歡逛書店，喜歡看書。對，還有最近比較喜歡吃東西。半年一次會跟朋友去台灣的半島旅行甚麼的。讓我放鬆一點吧。

你認為台北最好玩的地方有哪裡呢？有特別喜歡的地方嗎？

我覺得台北好玩的地方有陽明山與北投的溫泉，台北還有很多文青咖啡廳、Live House 與書店。我比較喜歡台北的南區，就是我們所在的這地區，有台灣大學與台北師範大學這一塊，充滿著生活感。我個人現在也住在南區。

老台北的你，從小一直都生活在台北的你，應該經歷過各種各樣台北的變化。你自己喜歡現在的台北嗎？還是喜歡過去的台北？

我沒有那麼不喜歡現在的台北。我可以說是個比較複雜吧。複雜的意思是說，台北這個城市一直有變得好玩、有趣、有多樣性。但是，確實失去了很多東西，有好有壞吧。哪個城市都會變的，沒有不變的城市。我的確對台北有美好的回憶。現在的台北比較方便，不過，如果說遺憾的一面的話，我喜歡的老店已經沒有了。但是，台北一直都有新的能量。一定要說的話，我會說稍微喜歡現在的台北。

如何安排工作和生活？剛才你說過：「生活與工作差不多都是混在一起」。工作與生活如何平衡呢？

工作上的我的角色是「計劃者」，而且我不屬於只有一本雜誌的工作者，也有好幾本雜誌的。所以，首先確定工作時間之後，會安排自己的生活時間。不過，還是生活與工作是聯合在一起的。勉強要說的話，一年會有一次比較長途的旅行，大概有兩週或者三週。我最喜歡的地方是南歐。比如，去年的話，去過法國的普羅旺斯與義大利的米蘭。前年的話，去過德國的柏林與荷蘭的阿姆斯特丹。其實對我來說，最重要的事情是旅行。旅行是開拓感官與增加眼界的好機會。「感官」指的是吃的菜以及喝的飲料。我偶爾會去米其林星級餐廳，多半是會去小餐廳。我記得荷蘭的牛奶超級好喝，當然也會喝當地啤酒與紅白酒。「眼界」指的是逛店鋪才知道歐洲人真的會選商品與設計空間。參觀博物館的展覽的時候，體會到外國人策展的角度。

你在大學時期也做過雜誌，看來你真的喜歡從事做刊物。你現在從事的事業是自然而然選擇的嗎？

我認為「緣分」還有「個性」吧。我雖然喜歡編輯雜誌，不過到了三十歲才開始做這行業。之前，我真的不知道自己到底喜歡做什麼。我認為幫台灣多說說讓你們了解台灣，這個不那麼重要，通過我們的故事了解台灣的變化，這樣才有意思。並且，我覺得最紅的東西或者最厲害的東西不需要支持，另類的或者地下的東西應該多支持。而且，雜誌是一個反應社會的，不像寫書那樣，寫書的話，個人的創作什麼的都可以通過書籍來完成。不過，雜誌就不一樣。

今後有什麼計劃呢？

我現在不是某家公司的員工，就是以個人的身分來工作。所以，我現在在準備整理自己過去的工作。做個人的作品集吧。對社會與編輯的看法什麼的。

中年男子酒友來相會

本文作者張嘉行，正職是蘑菇品牌創辦人和首席男性長工，在台灣過日子的重要娛樂之一是從台北直接開車到台東都蘭，在他的率領之下，我們成立了都蘭酒友會，每半年舉辦一次。

有點忘了當初怎麼會認識威融，後來還成為最麻吉的朋友之一。

當然我很小的時候就讀過那本奇書《在台北生存的一百個理由》，不過卻從來沒去仔細研究作者是誰，只依稀知道是幾個臭屁的酸文青嘴炮煙硝下的共同產物。

等到後來看到《Shopping Design》時，自己辦了輕薄刊物《蘑菇手帖》，也翻閱了好多年日本雜誌，知道這是一批有野心的傢伙處心積慮搞的鬼。

等到真正認識威融，才將這兩個角色給湊在一起，果然，建中台大高材生，腦袋比一般人要大，鏡片底下眼神閃爍著異樣的光，跟人說話時總是思路比對方更快，往往等不及話題說完，就大手一揮「所以你說的就是什麼什麼什麼，這讓我想到了什麼什麼什麼，我覺得這 Idea 太屌了！我總結一下『這個』什麼什麼什麼跟『那個』什麼什麼什麼……」他伸出另一隻手，比出一個招式「所以！我們可以如此如此這般這般！我告訴你這他×的絕對會讓那些人屁滾尿流痛哭流涕！」……

媽啦！我話都還沒收尾口水還沒來得及擦乾，你就已經演繹到天涯海角一樂園了！

不過呢，我不得不承認，這個人的大腦袋瓜裡還真有料，他本人簡直就是一本豐富的雜誌，從文史哲學小說到日本連續劇、從歐美名牌跑車到職業籃球網球、從戶外生活品牌到台港流行音樂，他似乎有比旁人多好幾倍的記憶體與壓抑不住的熱情，有時候覺得任何人在他身邊，立馬變成福爾摩斯身旁的華生大夫，總是在他提出一堆關鍵詞的當下不斷的跟隨揣摩，最後總免不了被他果斷迅速堅決的做出總結，華生心酸嫉妒的同時又帶有一點點崇拜心態。

而我跟威融最有交集的部分，大概是在酒這件事情上，這幾年經由他（還會有誰？）號召，我們幾個不同行業（編輯人、攝影師、建築師、設計前輩跟品牌經營的我）中年男子會不定時約定來趟「中年男子酒友會」，每次約四天三夜，開著車，通常先到台南路邊燒烤喝上一攤，然後轉去都蘭山中我跟朋友建立的避世工寮，狠狠喝上他三天：啤酒、紅白酒香檳、高粱二鍋頭、日本威士忌，加上好菜一桌（對了，酒友會還為此特地找了個型男廚師一同加入），人生至此，聽說過的人都白眼翻到後腦勺了。

不過當然有福爾摩斯威融在的場子，案情絕對沒有這麼單純！每趟出門前，要事前聯繫暢談路線安排，佐以應該搭配的心情，精挑車程中的背景音樂，而每到了台東深林工寮酒友會，就是我們這批酒友專

二〇一四年夏天的三個週五夜晚，蘑菇舉辦音樂小巴，音樂和酒跟現場的人都太讚了。

業流行音樂講座的時間，其內容之精深博大精彩，往往叫人拍案叫絕讚不停幹，其中滋味，我曾經邀請他跟另一位大師酒友楊士賢到蘑菇辦過幾場「音樂小巴」以饗大眾，唉，沒去聽的人真可惜可惜了！你聽過林憶蓮現場演唱的版本，但絕對沒有人會分析這首歌的這一句為什麼會真情流露至此（帶有嬌羞又期待害怕的心情），你再聽聽鳳飛飛這場演唱會的一舉手一投足，絕對是國際巨星才能有的唱功架勢，你沒仔細看怎麼知道什麼叫做台灣文化精髓？興致與酒精催發之下，乾脆來個ＰＫ大賽，我選的這一首一定要能回應你上一首歌的層次，雙方扶搖直上，然後還得找到一個「勢」讓它轉上九層雲霄，這已經是武林高手過招的層級了，講者與聽眾都需要有相當深厚的文化背景感知程度和一副千錘百鍊的肝臟！

你以為這樣就很了不得了嗎？錯！明天一早，我們還得去爬都蘭山呢！

要跟一群聰明有料，生活有趣，酒品絕佳的中年男人同桌共飲聊音樂，你可知道那是這渾濁人世中多麼困難的一種因緣？

BACK

CO .1

編輯工作這些年，感謝許多人和事

——圖文整合學習，集體創作伙伴

這本書的最後，要寫的是一些念頭和很多的感謝。「一些」念頭的意思，是因為還有不少東西想寫，可是篇幅和時間都已到達極限，必須做個了斷；「很多」的感謝是一定的，因為我們參與的是團體作業，沒有好隊友、好教練、好客戶、好管理、好老闆和好讀者絕對做不到。

寫這本書最重要的動力，是希望能夠盡可能地紀錄過去十多年我學習圖文整合和集體創作過程中發生的那些有趣和痛苦的事。提醒我一定要這麼做的導火線有二：一個是過去幾年許多場的編輯主題演講，每次準備ＰＰＴ教材和參考文章都提醒我趕快整理成一本書；另一個是身邊的伙伴們，感謝他們看重跟我的合作經驗，當他們跟其他編輯團隊配合遇到狀況，就會跟我吐苦水，指責我為什麼還沒把那本說了好幾年的編輯手記整理出來呢？

關於圖文整合這件事，我最喜歡用一部很通俗的好萊塢電影《K歌情人》（Music and Lyric）來說明，休葛蘭演的男主角是個過氣的流行樂歌手，會作曲不擅填詞，他曾是知名偶像團體成員，後來獨自發展表現很糟，因緣機會一個當紅年輕女歌手邀請他寫一首男女對唱的情歌，休葛蘭原本找了一個填詞高手配合，但雙方毫無默契一試就散。茱兒芭莉摩擔任女主角，她幫朋友代班去休葛蘭家的植物盆栽澆水，休葛蘭邊彈琴邊譜曲苦思歌詞之際，她隨口哼唱讓休葛蘭大吃一驚，請求她協助填詞。原來這位女主角是念文學的，但創作不順，暫時在姐姐的健身中心幫忙。

女主角答應男主角的請求，參與填詞工作，他們兩個在休葛蘭家腦力激盪、腸思枯竭的狀態像極了我們開編輯會議想題目想拍攝作法的情形，女主角跟男主角反應，一直困在這房間寫不出東西，而且只要肚子餓她就沒靈感，男主角沒辦法只好跟著女主角去街上走、逛唱片行和吃早餐，在吃喝閒扯之際提到「Shadow」這個詞，兩人忽然有感，馬上衝回鋼琴旁邊譜出〈Way Back into Love〉這首歌。在那段過程中，男主角為了趕進度多次催促女主角請她隨便丟些文字，結果女主角非常嚴肅地跟他說，如果說人聽一首歌的旋律是直接感受，那就是性的吸引力，第一眼就決定了；詞是心靈是相愛的語言，一開始你不會留意，但若真正開始交往，詞比曲更關鍵。這是我對圖文整合的舉例說明，當作參考吧。

我在擔任總編輯的期間，有兩個人物深深影響了我，但他們都不知道這世界有我這個人，一個是來自日本偶像劇《HERO》的久利生公平，一個是在TLC旅遊探險頻道主持節目多年的安東尼波登（Antony Bourdain）。由木村拓哉扮演的久利生公平，在《HERO》劇中是個喜歡去現場調查的檢察官，他認為有許多線索一定要到案發現場，進入被告和原告的犯案脈絡下才會掌握；此外他對檢察官工作的自我期許，不按照慣例辦案的態度，在戲中深深打動了許多同事和身邊人們，尤其第一部最後他偵辦一個命案扯到國會議員那段，議員描述久利生公平那段對白讓我終身難忘，議員說他跟我年輕時一樣，在這個社會，異己總是受打壓，幸好他提醒了我，讓我沒有變成以前我瞧不起的那種人；當然久利生公平最讓人羨慕的，是他身邊一直有松隆子和北川景子這般聰慧可愛的事務官跟他一起工作。

安東尼波登的節目一直讓人大開眼界，表面看起來他就是一個到世界各地吃喝的前紐約名廚大叔，但我最佩服他和他的電視節目製作團隊的真情流露——他們根本不怕在飲食節目裡談論那個知名歌星的音樂有夠難聽、那個城市的什麼設施真是混蛋、吃素的傢伙完全無法體會生命的美好……然後波登先生早期節目飯後一定抽菸，推薦的很多美食就是比路邊攤還路邊攤的平民餐點。你說看看，他怎麼可能不是深深影響我的偶像？

補充一個啟發我甚多的電視影集《The News Room》（新聞編輯室），這兩年只要在HBO頻道看到它，不管那集已經看過幾次（二〇一四年十二月此刻台灣正式播出第三季），我一定會再看，其中有幾段每看必落淚。第一季女製作人加入團隊之後，他們做出一集好節目，男主管拿著一瓶蘇格蘭單一麥芽威士忌去剛收工的播報台找男主播，男主管跟主播說，要做一個好節目，最重要的是你決定去做，很高興我們剛剛做到了。

果然是個愛看日劇、亂看電影、到處吃喝閒扯、看熱血媒體美劇不忘蘇格蘭威士忌的總編輯啊。

要感謝的人太多，實在沒法子一一列名，各位前輩長官伙伴讀者們，我心底記得你們。一定要公開致謝的，沒有他們的協助和支持，這本書就不能夠誕生：巨思文化的陳素蘭社長和《Shopping Design》總編輯李惠貞，《小日子》執行長林正文和當年一起創辦的沈建宏和劉奕成，誠品書店通路企劃處行銷經理林萱穎，感謝你們肯定這本小書的編輯構想，慷慨同意本書以翻拍和檔案提供的方式，呈現我在不同階段參與過的雜誌工作內容。

能夠在十幾年之後，重新當一位書籍寫作者，再度跟大塊文化合作，是人生特殊的緣份。如果當年沒有大塊長官們對一百理由的慧眼獨具和資源相挺，我們五個人的人生一定會有不太一樣的面貌。感謝十多年前就提點我許多的資深出版編輯人韓姐秀玫，過去幾年她被迫陪我吃了好幾次飯和喝咖啡，聽我講我想寫的編輯書，有一回我們聊到聽演唱會，她跟我分享陪她小姪女聽五月天演唱會的經驗，我體會到的是，把這書做得有現場感，找到跟成千上萬觀眾的情感連結。

本書製作過程，大塊文化副總編輯湯皓全和編輯鍾宜君的專業協力，幫助太多；美術林宜賢在製作前期扮演心理醫生的角色太稱職，協助我走過焦慮的前製期，執行過程整合我提供亂七八糟的視覺材料，感謝啦；一大堆雜誌翻拍的工作當然是交給陳敏佳所率領的攝影團隊，書中一些陳年舊照是敏佳和首席特助阿霞和許多親友從手機和電腦深處挖出來的，每看一次那些青春影像都想大哭一場；還有被總編我逼迫寫推薦文章的揚銘、阿倪和嘉行，透過你們的眼睛，讓讀者看到接近「一刀未剪」的我，以及同意讓本書收錄作者專訪的台灣〈關鍵評論網〉和北京〈日和手帖〉，感謝大家。